埴輪ガイドブック

——埴輪の世界

橋本博文

新泉社

1

特殊器台・特殊壺

・西江遺跡（岡山県新見市）
・弥生時代末（３世紀前半）
・岡山県立博物館所蔵
・器台：高さ 103 cm
（数値は概数、以下同）

弥生時代後期に吉備地方(岡山県および広島県の一部)の墓に供えた壺とそれをのせるための器台〔きだい〕が大型化したもの。外面は赤く塗られている。胴部には曲線と直線の組み合わさった幾何学模様の「弧帯文〔こたいもん〕」が線刻され、それにそって三角形と巴形の孔が規則的にあいている。この器台が円筒埴輪につながる。まさに埴輪のルーツである。

2

山陰型特殊器台形埴輪

- 神原神社古墳（島根県雲南市）
- 古墳時代前期（３世紀末）
- 右：島根県立古代出雲歴史博物館保管（文化庁所蔵、重要文化財、高さ64cm）、左：雲南市教育委員会所蔵

吉備の特殊器台に対して、こちらは山陰の古墳時代前期の埴輪。裾広がりで、突帯や弧帯文がなく、地元出雲の土器づくりの影響を受けている。出雲は弥生時代末に独自の四隅突出型方形墓をつくり、古墳時代前期には方墳・前方後方墳を盛行させるなど、独自性が垣間見られる地域だ。当古墳からは卑弥呼が魏へ遣使した年、景初三年銘の三角縁神獣鏡が出土している。

合子形埴輪

3

東国最初期の埴輪列

- 森将軍塚古墳（長野県千曲市）
- 古墳時代前期（４世紀前半）
- 千曲市教育委員会所蔵
- 合子形埴輪：高さ 110cm

墳丘をおおう葺石〔ふきいし〕と墳頂部の埴輪列が復元され、東日本の前期古墳の埴輪配列がわかる希少な例。前方部の墳頂には朝顔形埴輪が縁辺部をめぐり、前端部には合子〔ごうす〕形などの特殊な埴輪がおかれた。後円部の墳頂縁辺部には円筒埴輪の列に朝顔形埴輪が数本おきに配される。墳頂から善光寺平がみわたせ、この地を治めた首長の墓を体感できる。

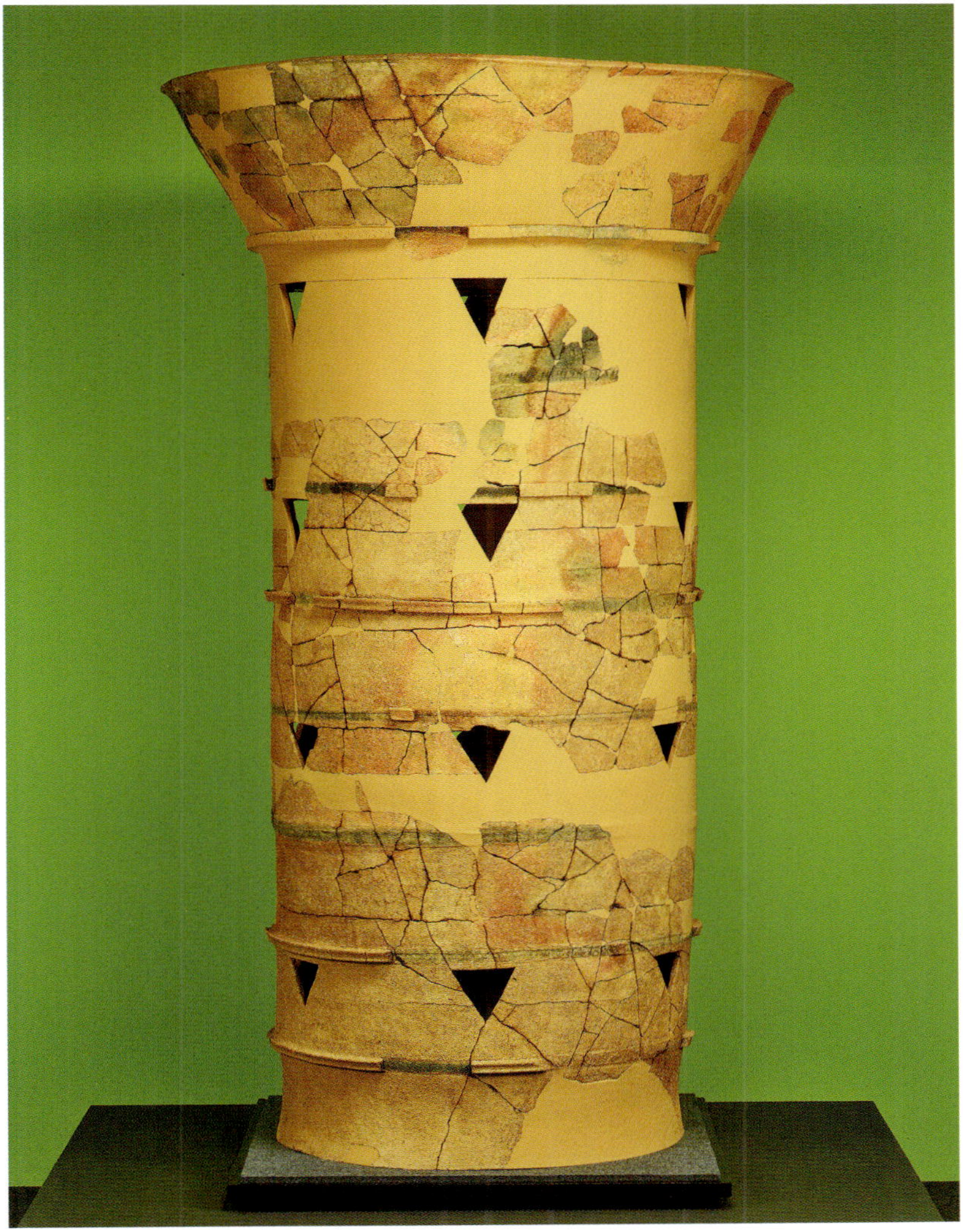

4

列島最大の円筒埴輪

- メスリ山古墳（奈良県桜井市）
- 古墳時代前期（４世紀初頭）
- 奈良県立橿原考古学研究所附属博物館所蔵（重要文化財）
- 高さ 242 cm

見る者を圧倒する列島最大の円筒埴輪。まずもって、どのように成形し、焼成したのか。焼きむらの黒斑があるので野焼きしたことがうかがえる。また、これだけ巨大で重い素焼きの埴輪をどのように古墳の上にすえつけたのか。まさに神業である。円筒埴輪は大量につくられ、墳丘をかこい、外部からの侵入者を防ぐ結界としての役割を果たし、さらに墳丘を荘厳化した。

5

壺形埴輪

・甲斐銚子塚古墳（山梨県甲府市）
・古墳時代前期（４世紀後半）
・山梨県立考古博物館所蔵
・高さ 68 cm

口縁部が肥大化し、巴形の透かし孔が４つあいている。胴部にも大きな円形と小さな巴形の透かし孔があき、底部にも孔があいている。容器としては使えない儀器化した壺である。口縁部は畿内系の茶臼山式壺をモデルに変容したもの。透かし孔は特殊器台の影響がある。器台円筒埴輪の上にのせたと考えられる。遠目にみた民衆は葬祭の場の異様な雰囲気を感じたことだろう。

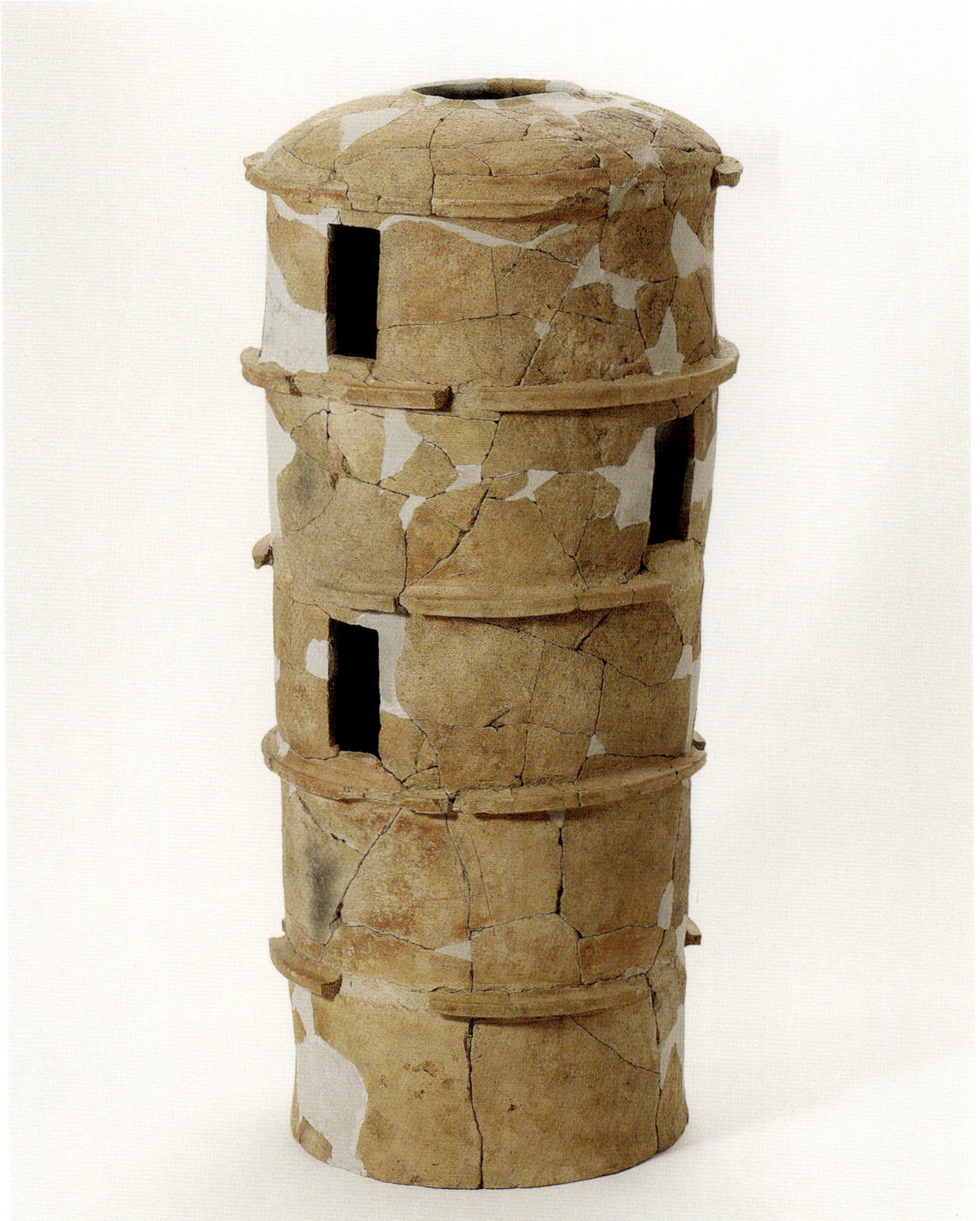

6

丹後型埴輪

- 網野銚子山古墳（京都府京丹後市）
- 古墳時代前期（４世紀後半）
- 京丹後市教育委員会所蔵
- 高さ92cm

丹後地方に分布する前期古墳に独特な埴輪。外面を赤く塗り、墓域を守る結界として使用された。丸みのある頭部の真ん中に孔があいている。じつはこれ、朝顔形埴輪の頸部から上の「朝顔」を省略したようなもの。「畿内色に染まらないぞ」という独自性を主張しているかのようである。縦長の長方形をした透かし孔に出雲の影響がみられる。

7

東北を代表する形象埴輪群

・原山1号墳（福島県泉崎村）
・古墳時代中期（5世紀後半）
・福島県立博物館所蔵
・盾持ち人埴輪：高さ74cm

登場するのは盾持〔たても〕ち人・力士・巫女〔みこ〕・琴弾〔ことひき〕男性・琴を肩にかつぐ男性など。前方後円墳のくびれ部を中心に前方部にかけて、つらなって出土した。盾持ち人の盾面には魔除けの直弧文崩れの文様や連続三角文などがみられる。人物埴輪の種類・組み合わせに列島規模の共通性がうかがえる。ヤマト政権とつながり、この地を治めた権力者の墓だ。

8

首長の儀礼を示す埴輪群〔復元〕

・保渡田八幡塚古墳（群馬県高崎市）
・古墳時代中期（５世紀後半）

周濠の中堤上を円筒埴輪で長方形に区画し、男性貴人・武人・鷹匠〔たかじょう〕・馬飼い・鳥飼い・力士・女性貴人・巫女・采女〔うねめ〕などの人物埴輪がならぶ往時の姿を復元。古墳に眠る権力者と仕えた人びとか。馬・鹿・猪・犬・鶏・水鳥などの動物埴輪は被葬者の権威を示す。地方豪族の支配機構の全体像がうかがえ、埴輪祭祀を復元するうえでも超一級の資料。

9

大王の埴輪群〔復元〕

・今城塚古墳（大阪府高槻市）
・古墳時代後期（6世紀前半）
・大型家形埴輪：高さ 170 cm

大きな千木〔ちぎ〕に、権威の表徴である堅魚木〔かつおぎ〕を屋根に9本のせた列島最大の家形埴輪をはじめ、男性貴人・武人・鷹匠・力士・巫女・采女など大王に仕える人びとをかたどった人物埴輪、馬・鶏・水鳥などの動物埴輪がブロックごとに存在する。首長権継承儀礼の様子を永久にとどめようとしたのか。質・量ともに他を圧倒する大王の埴輪群像である。

10

首長と巫女の儀礼埴輪

・綿貫観音山古墳（群馬県高崎市）
・古墳時代後期（6世紀後半）
・群馬県立歴史博物館保管（文化庁所蔵、国宝）
・男性貴人埴輪：高さ72cm

特異な帽子をかぶり鈴つきの大帯をしめる男性貴人埴輪は、両手を胸の前で合わせる意味ありげなしぐさをする。対する右手の高松塚古墳壁画の女性と似た裳〔も〕をはき座る女性埴輪は王妃か。男性貴人をもてなしているようである。脇には一つの台上に3人の女性がならんで両手の指先を合わせる。後継の首長が亡き首長の生前の功績をたたえる一場面であろう。

11

山高帽の男性埴輪

- 経僧塚古墳（千葉県山武市）
- 古墳時代後期（６世紀後半）
- 芝山町立芝山古墳・はにわ博物館保管（芝山仁王尊・観音教寺所蔵）
- 高さ 122 cm

立派な顎鬚〔あごひげ〕をたくわえ、下げ美豆良〔みずら〕が肩で跳ねあがる。つばのついた山高帽をかぶり、両袖は手首のところまでおおって華奢な手を腰にあてがう。裾が翼状に広がるズボンを膝部で束ねる。耳には太い耳環〔じかん〕をつけている。特異な風貌は異邦人のようだ。一つの古墳から複数出土するので、最高位の首長ではなく文官クラスの人物か。

12

渡来人を含む埴輪群

- 山倉1号墳（千葉県市原市）
- 古墳時代後期（6世紀後半）
- 市原市教育委員会所蔵
- 筒袖（渡来人）：高さ114 cm

壺を頭にのせる女性、下げ美豆良の男性貴人、筒袖の男性、腰に手をあてた男性などが、前方後円墳の墳丘側面に外側を向いて一列横隊で樹立されていた。筒袖の人物は渡来人とする説がある。垂れ目の表情やベンガラを多く含む胎土、赤褐色の焼き色などから、遠く90 kmほど離れた埼玉県鴻巣市の生出塚〔おいねづか〕埴輪製作遺跡でつくられたことがわかっている。

13

北陸を代表する埴輪

- 矢田野エジリ古墳（石川県小松市）
- 古墳時代後期（６世紀前半）
- 小松市埋蔵文化財センター所蔵（重要文化財）
- 騎馬人物：高さ 42 cm

騎馬人物と手綱〔たづな〕をとる馬飼い。馬は飾り馬で、馬上の人物は男性器が表現されている。馬形埴輪は普通、馬だけのものが多く、騎乗している埴輪はめずらしい。馬上の人物のステイタスがうかがわれる。北陸地方ではこのほかに、個性的な髷〔まげ〕の女性や頭部を冠状にギザギザに表現した人物埴輪などがあり、印象的で独特な須恵質の埴輪群だ。

14

武人埴輪

- 群馬県太田市飯塚町出土
- 古墳時代後期（6世紀）
- 東京国立博物館所蔵（国宝）
- 高さ130cm

埴輪の代表選手、埴輪で最初の国宝。群馬県太田市から伊勢崎市にかけて同工の武人埴輪が数体確認されている。靫〔ゆき〕を背負い、左腕には鞆〔とも〕をはめ弓を持ち、右手は大刀を握る。挂甲〔けいこう〕を着用し、頭には頬当てをともなう衝角〔しょうかく〕付き冑〔かぶと〕をかぶる。この人物は指揮官以上の存在と推定されるが、首長そのものではないだろう。

15

琴弾埴輪

・群馬県前橋市朝倉出土
・古墳時代後期（6世紀初頭）
・相川考古館所蔵（重要文化財）
・高さ73cm

頭椎大刀〔かぶつちのたち〕を左腰に携え、髪型は下げ美豆良に結い、腰掛けに座していることから、貴人男性であろう。連続三角文の飾り帯をしめる。帽子は外周が失われているが、遺存状態から星形をした飾り帽であったことが知れる。琴弾埴輪はすべて男性で、音楽を演奏しているのではなく、琴占いをしているところ。首飾りに勾玉を多用していない点も男性的だ。

16

鷹匠埴輪

・オクマン山古墳（群馬県太田市）
・古墳時代後期（６世紀末）
・太田市教育委員会・個人所蔵
・高さ 147 cm

餌袋〔えぶくろ〕を携え、左肩には尾羽に鈴をつけた鷹がとまっている。被葬者である首長が狩りをする姿とする説もあるが、鷹狩は首長の遊びというよりは、狩猟によって吉凶を占う儀礼的な側面が強かった。馬・馬飼い・農夫などの埴輪とともに出土。鷹狩の風習は中央アジアから中国・朝鮮半島を経由してもたらされた。鷹匠は初期には渡来人であったかもしれない。

17

巫女埴輪

- 塚廻り3号墳（群馬県太田市）
- 古墳時代後期（6世紀中頃）
- 群馬県立歴史博物館保管（文化庁所蔵、重要文化財）
- 高さ69cm

祭服に身をつつみ、耳飾り・首飾り・腕輪・手玉・足玉・飾り帯で着飾っている。腰掛けに座す全身像は身分の高いことをうかがわせる。勾玉を多用する首飾りもやはり高位者をあらわし、しかも巫女にふさわしい。酒坏を差し出すしぐさは、それを受ける男性首長とセットとなり、儀礼の重要な場面を表現したものだろう。左腰には鈴鏡〔れいきょう〕を携えている。

18

機織埴輪〔復元〕

・甲塚古墳（栃木県下野市）
・古墳時代後期（６世紀後半）
・下野市教育委員会所蔵
（原品は重要文化財）
・長さ73 cm

墳長約80 mの帆立貝式古墳で、初の機織〔はたおり〕埴輪が出土したことで有名になった。人物は頭部と腕が欠けていたが、胸部のかたちなどから女性像として復元された。いっしょに出土した馬形埴輪４体のうち１体に横座りで騎乗する足置きがあることから、それを女性用と認め、被葬者を女性と断じる研究者もいる。古墳時代のジェンダーを考えさせる埴輪である。

19

大刀を持つ女性埴輪

- 塚廻り４号墳（群馬県太田市）
- 古墳時代後期（６世紀前半）
- 群馬県立歴史博物館保管（文化庁所蔵、重要文化財）
- 高さ79cm

墳長約23mの中小規模の帆立貝式古墳の造り出し部、円筒埴輪列にかこまれたステージ前列中央に、柄頭〔つかがしら〕が握りこぶしのような形をした頭椎大刀を持った、ひときわ大きな女性埴輪が、両側に坏を捧げ持つ女性埴輪をしたがえて堂々と立っていた。魔除けの連続三角文をほどこした特別な祭服、意須比〔おすい〕をまとっており、巫女と推定される。

20

分離造形埴輪

- 舟塚古墳（茨城県小美玉市）
- 古墳時代後期（6世紀前半）
- 茨城県立歴史館所蔵
- 上半身：高さ77cm

埴輪は普通、一体に造形される。しかし、なかにはパーツに分けてつくられたものがある。そのうちとくに有名なのが常陸地域（一部下野地域）に分布する分離造形埴輪。この武人埴輪は上半身と下半身が分けて製作されている。どちらも同じ製作者が造形したのか、それとも別の製作者が分業したのか、興味がわく。焼成時や輸送時に破損するリスクを考えてのことか。

21

盾持ち人埴輪

・前の山古墳（埼玉県本庄市）
・古墳時代後期（６世紀後半）
・本庄市教育委員会所蔵
・中央：高さ115cm

謎の３体。山形の帽子をかぶっているが、中央の１体はさらにその上に筒形の妙なものをのせている。共通するのは大きな耳に大きな口、そして笑った表情。愛らしさがあるが、じつは古代の笑いには威嚇の意味がある。円墳の横穴式石室開口部の両側から、盾面を外向きにした状態で出土した。被葬者の眠る石室の入り口を侵入者や悪霊から守護するかのようだ。

22

狩猟場面の埴輪

- 昼神車塚古墳（大阪府高槻市）
- 古墳時代後期（6世紀前半）
- 高槻市立今城塚古代歴史館所蔵
- 猪：高さ56cm

狩猟場面を表現する猪（手前）と犬（後方2体）のセット。犬は、獲物の猪を追いつめ、けたたましく吠えているのだろうか。前方後円墳の前方部に、犬と猪、角笛を持った狩人がならんで配置されていた。なお、口絵8の保渡田八幡塚古墳の埴輪群のなかには、弓を持った猟師が加わる。腰にはおとりのウリボウを携える。矢があたって血を流す猪や鹿の埴輪もある。

23

大刀形埴輪

- 塚廻り4号墳（群馬県太田市）
- 古墳時代後期（6世紀前半）
- 群馬県立歴史博物館保管（文化庁所蔵、重要文化財）
- 大刀形：高さ144cm

握り部にベルト状の飾り帯をともない、そこに三輪玉〔みわだま〕をとりつけ飾った、いかにも権威を象徴する大刀。実物としては、奈良県斑鳩〔いかるが〕町の藤ノ木古墳の副葬品で実態が明らかになった倭様の飾り大刀がある。伊勢神宮には神宝として伝世している。写真は、鞘〔さや〕を意識してつくられた別づくりの円筒に挿し込まれた状態。

24

靫形埴輪

- 室宮山古墳（奈良県御所市）
- 古墳時代中期（5世紀初頭）
- 奈良県立橿原考古学研究所附属博物館所蔵
- 高さ 150 cm

器財埴輪のうちでもっとも豪華。高さ 150 cm と巨大だ。大きく張りだした鰭〔ひれ〕状の飾りから本体まで全面に、呪的文様である直弧文と押し引き文様がつけられている。先端を上向きに収納された柳葉形の矢尻（鏃）の描写は細かく、背負い紐も図案化されて表現されている。出土したのは葛城地域最大の前方後円墳。被葬者は大王家の外戚、葛城氏の有力者であろう。

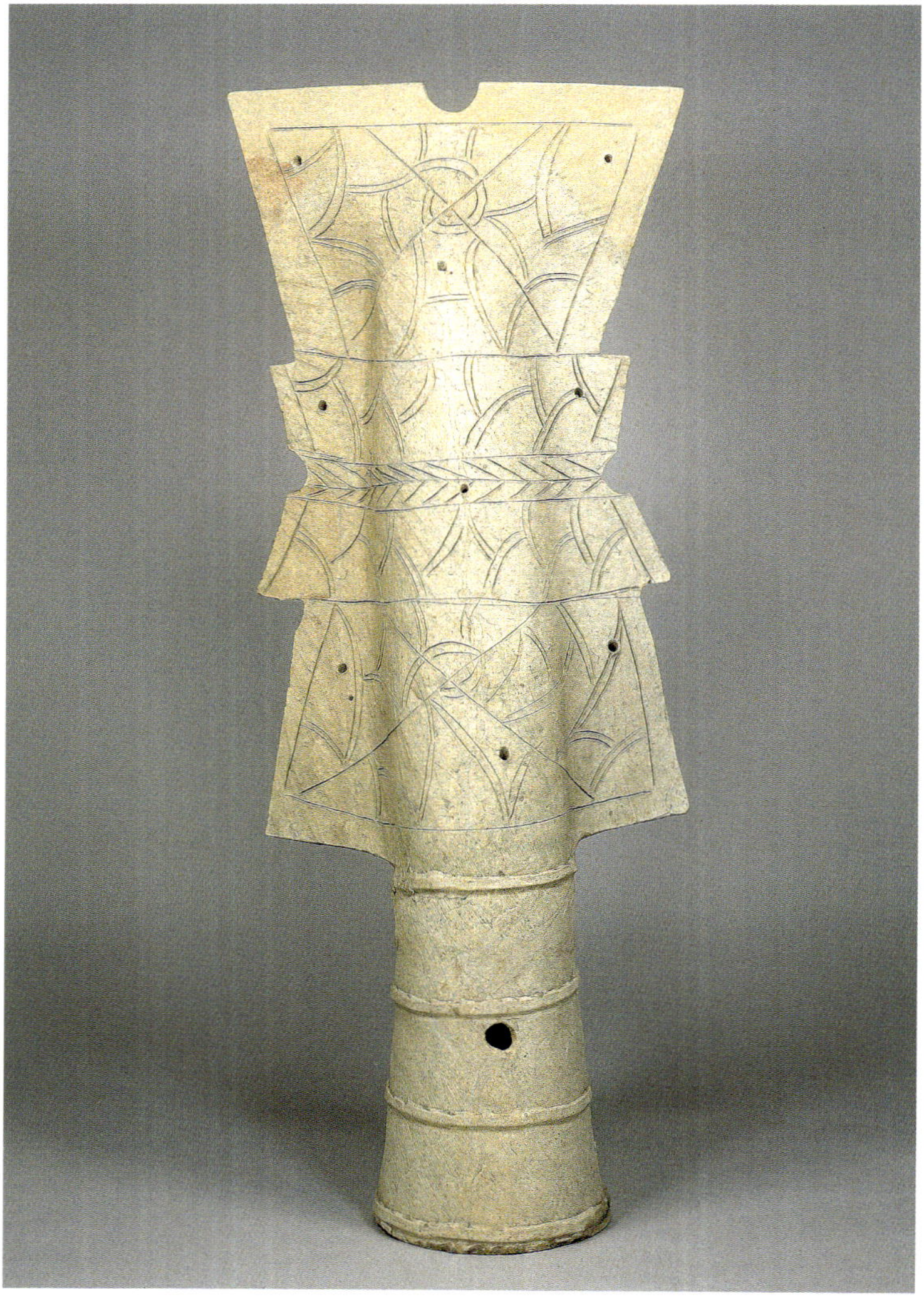

25

石見型盾形埴輪

- 奈良県三宅町石見出土
- 古墳時代後期（6世紀前半）
- 東京国立博物館所蔵
- 高さ110cm

「石見〔いわみ〕」とは最初の発見地の地名で、一見すると盾形埴輪にみえるのでその名があるが、儀仗〔ぎじょう〕に似ていることから儀仗形埴輪と称されることもある。特徴的なのは、規則的にあけられた小孔。その孔は上方より下方に向かってあけられており、稲穂や榊などを挿し込んだ可能性が高い。直弧文がほどこされ、魔除けの役割を担っていたのだろう。

26

船形埴輪

- 宝塚1号墳（三重県松阪市）
- 古墳時代中期（5世紀初頭）
- 松阪市所蔵（国宝）
- 長さ140cm

とにかく飾りがにぎやかで、船形埴輪では最大規模。障壁や横木、オール受けなどを備えた準構造船。船上には、王が持つとされる威杖〔いじょう〕が2本、高貴な人にさしかける蓋〔きぬがさ〕、威厳を示す大刀などがつめ込まれ、全面ベンガラで彩色された儀礼用の船である。航海権を掌握した首長の権威を高めるものなのか、黄泉〔よみ〕の国へ無事に旅立つ船なのか。

27

家形埴輪（主屋）

・赤堀茶臼山古墳（群馬県伊勢崎市）
・古墳時代中期（５世紀中頃）
・東京国立博物館所蔵
・高さ54cm

当古墳は、家形埴輪群の様相が明らかになったことで著名。帆立貝式古墳の円丘部の墳頂に配置されていた。そのメインはもっとも大きく造形された、棟木〔むなぎ〕に権威を表徴する堅魚木をのせる主屋。ほかに脇屋、高床倉庫、小形の納屋か霊屋〔たまや〕と推定される建物、遮蔽施設を表現した囲形埴輪があり、全体として豪族居館の建物群をあらわしているとみられる。

28

囲形埴輪

・行者塚古墳（兵庫県加古川市）
・古墳時代中期（４世紀末〜５世紀初頭）
・加古川市教育委員会所蔵
・長辺88cm

天と地が抜けて、壁だけの造形。だが、ちゃんと出入り口があるので建物をとりかこむ外壁とわかる。壁の上がギザギザとなっている点や側面に２条の突帯が貼りつけられていることから、柵列を表現しているかのよう。なかには堅魚木をのせ鶏がとまる家形埴輪をおさめる。禊〔みそぎ〕や殯〔もがり〕などの祭祀を執行した場か。首長権継承の儀礼の場を再現している。

29

石人

- 岩戸山古墳（福岡県八女市）
- 古墳時代後期（６世紀前半）
- 東京国立博物館所蔵（重要文化財）
- 高さ 133 cm

陶芸の技ともいえる埴輪とは異質の石の彫刻。製作者は列島で最初の石像彫刻家ではなかろうか。石棺・石室製作で鍛えた技を駆使している。下げ美豆良で、大刀を下げ、背に靫を負っている。出土古墳は、ヤマト政権に抵抗して反乱を起こした筑紫君磐井〔いわい〕の墓と伝えられる。阿蘇溶結凝灰岩製であることに九州のアイデンティティを感じさせる。

30

木の埴輪

- 四条1号墳（奈良県橿原市）
- 古墳時代中期（5世紀末頃）
- 奈良県立橿原考古学研究所附属博物館所蔵
- 翳形（右）：高さ178cm

木でつくられた「埴輪」。四条1号墳は方墳で、ほぼ全周して盾形・大刀形・弓形・翳〔さしば〕形・蓋形・幡竿〔はたざお〕形・櫂形・鳥形などの各種木製品が立っていた。その多くは葬祭の場での威儀具と推定される。一方、造り出し部周辺からは土製の動物埴輪や器財埴輪、人物埴輪が出土している。土製埴輪では足りない部分を木製品で飾り立てたとも考えられる。

31

朝鮮半島の埴輪

・月桂洞１号墳（大韓民国光州市）
・国立光州博物館所蔵
・６世紀初頭
・朝顔形：高さ 73cm

埴輪であるが、どこか違和感がある。朝鮮半島の埴輪だ。近年、韓国南西部の栄山江流域を中心に前方後円墳と埴輪の発見が相次いだ。時期は５世紀末～６世紀前半に集中している傾向がある。整形には鳥足文の平行叩き目を有するものもあり、朝鮮半島南部の軟質土器などの製作者が関与していると想定される。被葬者は倭と近しい関係にあった人物であろう。

埴輪ガイドブック

——埴輪の世界

はじめに

埴輪のもつ素朴な魅力が人びとを惹きつけてやみません。

古墳と聞くと、最初に思い浮かべる言葉が「埴輪」かと思います。みなさんは「埴輪」という用語がいつから使われていると思いますか。明治時代。否、江戸時代。いや、さらにさかのぼって、いまから一三〇〇年前の奈良時代の『日本書紀』にまで行き着きます。残念ながら、さすがに古墳時代に、「埴輪」を何と呼んでいたかはわかりません。

埴輪はどのようにして生まれ、どんな種類のものがつくられ、なぜ消えていったのでしょうか。多くの疑問がわいてきます。そして、埴輪はいったいなにを表現しているのでしょうか。これまでに多くの研究者がさまざまな解釈を試みてきました。しかし、現在にいたってもなお定説のない状況が続いています。

一方、埴輪から当時の衣食住の情報をたくさん得ることができます。埴輪は古墳時代社会をビジュアルに物語る貴重な遺物です。寡黙な考古遺物のひとつである埴輪に古墳時代社会を語ってもらいましょう。

さらに、埴輪には土器と同様、古墳に年代観を与える時間の〝ものさし〟という側面もあります。土管を立てたような円筒埴輪を中心に現在の研究成果をお示ししたいと思います。

本書では、わたしなりの埴輪を観るさまざまな着眼点をご紹介したいと思います。

埴輪ガイドブック　目次

第5章　人物埴輪をめぐって　93

第1章

埴輪に注目した先人たち

埴輪の起源説話

みなさんは「埴輪」という言葉がいつから使われていると思いますか？

多くの方は江戸時代あたりと答えるでしょう。事実はそれよりかなりさかのぼった奈良時代、『日本書紀』編纂時の七二〇年頃になります。『日本書紀』垂仁《すいにん》天皇三十二年秋七月条に、垂仁天皇の皇后、日葉酢媛命《ひばすひめのみこと》が亡くなって墓づくりをする際に、土師《はじ》氏の祖先の野見宿禰《のみのすくね》が天皇に建議したという記事があります。

それまで続いていた、貴人に仕えていた人びとを生きながらに埋める殉死の風習がむごいので、それに代えて粘土でつくった種々のものを立てならべたと伝えられています。それを「埴輪」ないしは「立物《たてもの》」と言う、と記しています。これが埴輪という言葉の初見です。

ここで、注目したいのが立物です。こちらは現在に伝わっていませんが、埋めるのではなく立てたという認識です。埴輪と立物が同じものをさしていたのか否かを察することはできません。同じものをさしているとすれば、埴輪が材質や形状を示し、立物が状態を示している可能性があります。もしもこの二つが別のものだとすれば、立物は木製のもので、埴輪は「埴製《はに》の輪っか」＝粘土製の輪状のものを意味しているとも推定されます。また、埴輪を輪状にならべている状態を示しているとも想定されます。

なお、先の『日本書紀』の記述のなかに殉死のことが出てきましたが、実際には古代中国大陸・朝鮮半島とはちがって、日本の古墳から明確な殉死の痕跡はみつかっていません。

埴輪の種類

ここで埴輪の種類をざっと紹介しておきましょう。

埴輪は二種類に大別されます。土管のようなかたちをした「円筒《えんとう》埴輪」と、〝もの〟をかたどった「形象埴輪」です。ただし、もともとは円筒埴輪も壺をのせる器台《きだい》といわれるものがルーツで、壺形埴輪も壺という土器をかたどったものであるとすれば、広くは形象埴輪といえます。

さて円筒埴輪には、シンプルな「普通円筒埴輪」と、壺をのせる台の役割の名残りをとどめる「器台円筒埴輪」、上のほうが大きく広がる「朝顔形埴輪」、側面に鰭《ひれ》がついた「鰭付き円筒埴輪」、横断面が円形でなく楕円形をした「楕円円筒埴輪」があります。なお、壺のかたちをした「壺形埴輪」も、ほかの形象埴輪とは起源や系統が大きく異なるため円筒埴輪に類するものとされています。

円筒埴輪や壺形埴輪は、墳丘をとりかこむ周堤や墳頂部、墳丘斜面に設けられた段部（平坦面、テラスともいう）にならべられました。ただし、供えられた壺単体を表現した壺形埴輪も存在します。

一方、形象埴輪には大きく分類して、「家形埴輪」「器財埴輪」「動物埴輪」「人物埴輪」があります。

家形埴輪には、吹き抜け高床式の祭殿風の建物、窓のない倉庫、堅魚木《かつおぎ》を上げた主殿（主屋）、脇殿、納屋などがあります。ほかに関連するもので、塀や門のかたちをした埴輪や建物をとりかこむ柵列をあらわした囲形埴輪などがあります。これらは首長の館にある施設をかたどったものでしょう。

器財埴輪としては、大刀《たち》や矛《ほこ》、戈《か》、弓、鞆《とも》（弓の弦のはね返りを防ぐため手首にまく道具）、靫《ゆき》（弓矢の矢尻を上にむけて納めた容器）、盾《たて》、甲冑《かっちゅう》などの武器・武具と、蓋《きぬがさ》（貴人に後ろからさしかざすもの）や翳《さしば》（貴人の顔を隠すための団扇《うちわ》の柄を長くしたような道具）、腰掛け、枕、あるいは船などがあげられます。これらも首長や有力者にかかわるものをかたどっているといえます。

動物埴輪には、馬・牛・鹿・猪・犬・鳥などがみられます。めずらしいものでは猿・ムササビなどがあります。また、鮭か鮎をかたどったと考えられる魚もあります。鳥類では鶏が群を抜いて多く、続いて白鳥などの水鳥が確認できます。魚をくわえた鵜をかたどった埴輪もあります。

人物埴輪には、さまざまな人物があらわされています。男性では王・首長や貴人といったその古墳の被葬者と思われる人、文人・武人・琴弾《ことひき》・馬飼い・鷹匠《たかじょう》・鵜飼いなどの有力者に仕えた人びと、また狩人や農夫といった民衆も登場します。女性では王妃や貴人といった有力者、巫女《みこ》や采女《うねめ》などの仕える女性、また赤子をおんぶした女性などがあります。

これらの形象埴輪は、墳丘内に埋めるのではなく、墳頂部や墳丘中段のテラス、「造《つく》り出《だ》し」とよばれる墳丘裾につくられた基壇状の場所、あるいは周濠の中堤、外堤などの上に立てならべられました。

水戸黄門さんと埴輪

いまから三〇〇年以上も前、江戸時代前期の一六七六年（延宝四）、『大日本史』を編纂していた徳川光圀《みつくに》のもとに、旅の僧、円順が、下野国《しもつけのくに》（現在の栃木県域）の那須郡湯津神《ゆづかみ》（上）村で文字が刻まれた石碑、那須国造碑《なすのくにのみやつこのひ》を確認したという情報が入りました。

それに関心を寄せた光圀は、儒学者、佐々介三郎宗淳《さっさすけさぶろうむねきよ》を現地に遣わし、地元の大金重貞《おおがねしげさだ》とともに、その碑文中にみえる那須国造の墓の探索にあたらせました。

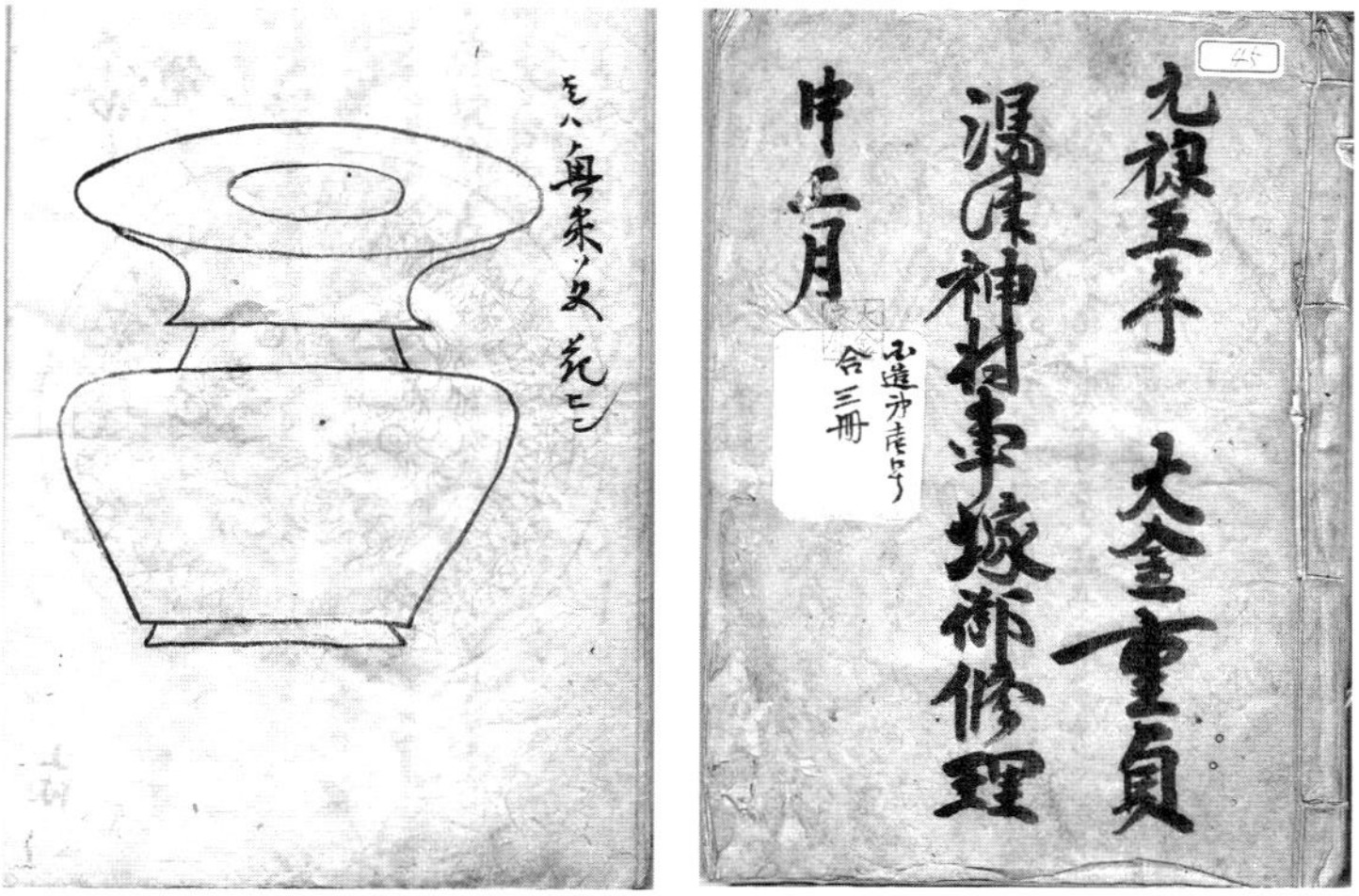

図1　1692年（元禄5）の上侍塚・下侍塚古墳発掘時に出土した品を「花瓶」として描いた絵（『元禄五年申二月　湯津神村車塚御修理　大金重貞』）

図2　下侍塚古墳（栃木県大田原市）から出土した壺形埴輪
底面（右写真）には焼成前に孔があけられていた。

こうして一六九二年（元禄五）、付近にある大型の前方後方墳、上侍塚古墳《かみさむらいづか》（当時は上車塚）、および下侍塚古墳《しもさむらいづか》（当時は下車塚）の発掘を実施することになりました。その結果、鏡や刀剣、腕飾り形宝器などが出土しました。

当時、描かれた図面のなかに「花瓶」と記された絵があります（**図1**）。それはおもに前期古墳から出土する、いわゆる「茶臼山式壺《ちゃうすやま》」（奈良県桜井市にある茶臼山古墳から大量にみつかっている）とよんでいる壺形埴輪に酷似するものです。

そして現代になって、栃木県教育委員会が上侍塚古墳と下侍塚古墳を発掘調査したところ、外面が赤く塗られた、底抜けの壺がみつかりました（**図2**）。底部は焼成前に孔があけられていて、容器としての機能をわざと失わせてあるものでした。

このことから、光圀が関係した発掘で出土したこの「花瓶」が、日本における〝発掘調査〟で出土した第一号の埴輪ということになります。

家老が記録した埴輪

さらに百年ほどたった一七九三年（寛政五）、上野国《こうずけのくに》（現在の群馬県域）伊勢崎藩の家老、関重嶷《せきしげたか》は、その著『古器図説』に人物埴輪の図を残しました（**図3**）。

この図は、後に江戸後期の医師で戯作者、蘭学者でもあった森島（桂林）中良《ちゅうりょう》の『桂林漫録《けいりんまんろく》』（一八〇〇年〔寛政一二〕）やハインリッヒ・フォン・シーボルト（Heinrich von Siebold）の「人物埴輪図」（一八九二年）に影響を与えました（**図4**）。ハインリッヒは、江戸時代後期に長崎に滞在し、鳴滝塾《なるたき》を開き、シーボルト事件でも有名なフィリップ・フランツ・フォン・シーボルト（Philipp

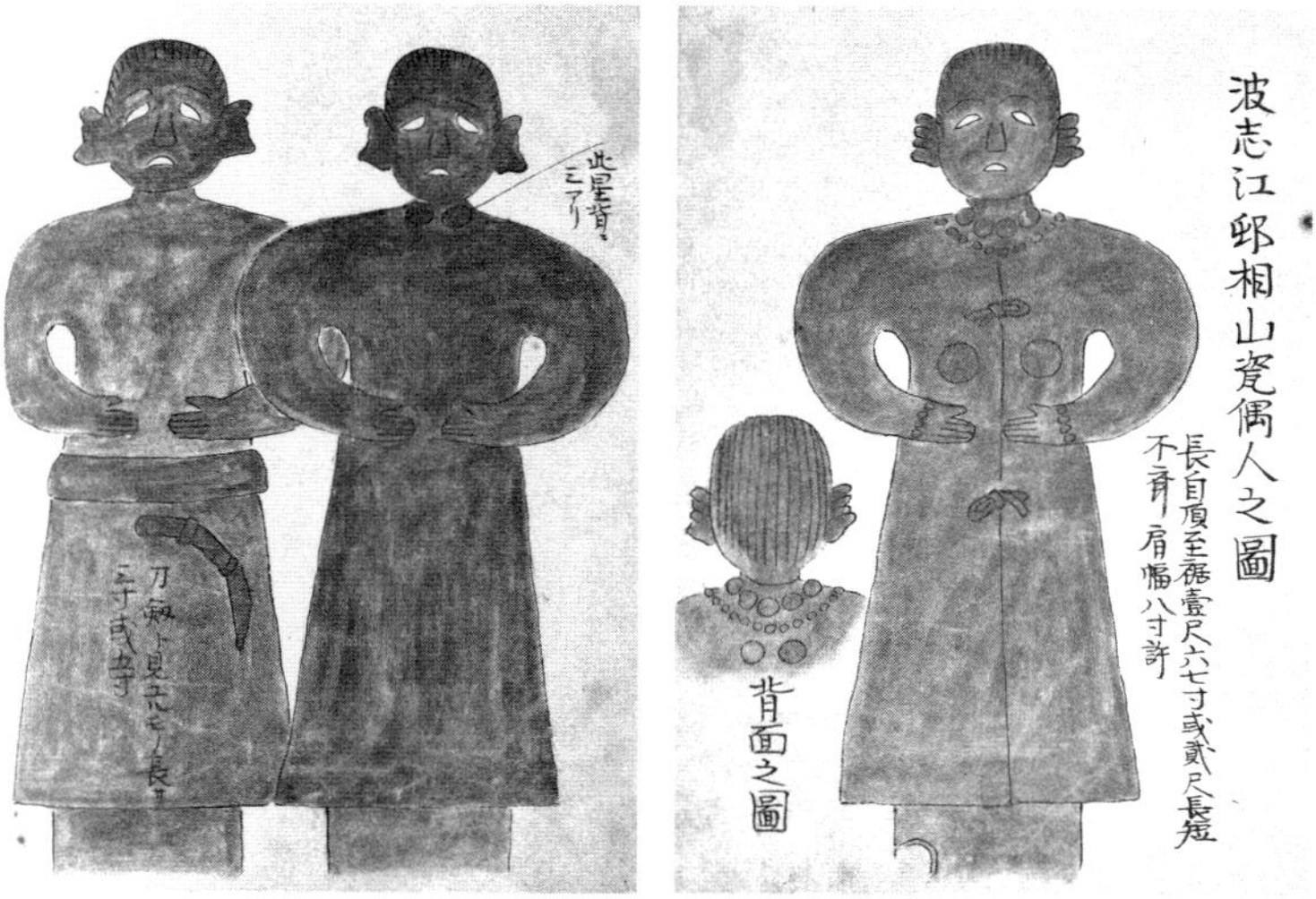

図3　1793年（寛政5）刊行の関重嶷『古器図説』に描かれた人物埴輪
背面も描き、計測値も詳細に記している。

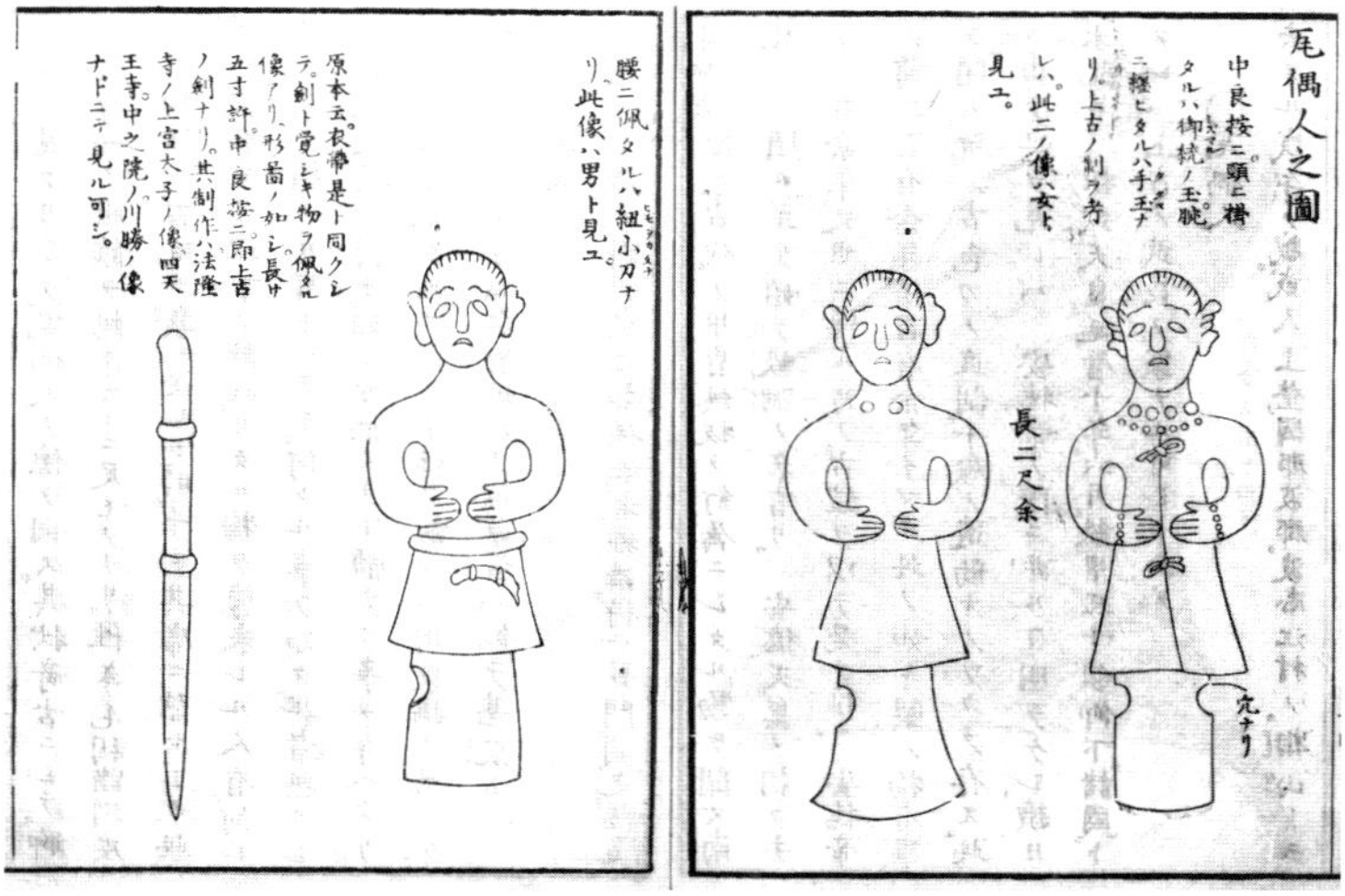

図4　1800年（寛政12）刊行の森島（桂林）中良『桂林漫録』に描かれた人物埴輪
美豆良〔みずら〕を耳のように描いている。

Franz von Siebold）の息子です。父と区別するため「小シーボルト」ともよばれています。
さて、重凝と中良の図は垂れ目の表情などが酷似していますが、重凝の表現した上《あ》げ美豆良《みずら》のヘアスタイルを中良は耳のように表現しており、実物から遠ざかっています。その点から、中良は実物ではなく『古器図説』を写して描いたことは明らかです。重凝の図には中良の図にはない背面の図もあり、計測値も詳細に記されています。

外国人の埴輪研究

明治時代になると、外国人による埴輪研究がはじまりました。明治初期の官僚であり好古家でもあった蜷川式胤《にながわのりたね》は、文部省博物館の開設に尽力した人ですが、奈良市のウワナベ古墳出土の盾形埴輪、円筒埴輪などを、当時住吉派の大和絵師最後の大家として名を馳せた山名貫義《つらよし》に描かせました。

その図録はドイツ人に献じられたものでしたが、蜷川と親交のあったハインリッヒ・フォン・シーボルトはそれを目にしたことでしょう。彼はオーストリアの外交官であり考古学者でもありました。ハインリッヒは一八七五年（明治八）、「土人形についての若干の考察」という論文を『独逸東亜細亜研究協会報告』第一篇第八冊にドイツ語で発表しました。そのなかで彼は、埴輪の起源について、江戸時代以来の殉死代用説の立場をとりつつも、埴輪が日本で独自に生まれたものなのか、それとも外国の影響を受けて生まれたものなのかという問題を提起しています。この内容は、三年後の一八七八年（明治一一）に『日本考古学』に英文で再掲されます。

イギリス人外交官、アーネスト・サトウ（Ernest Satow）は同じ一八七八年、群馬県前橋市にある大室《おおむろ》古墳群の前二子《まえふたご》古墳を地元民が発掘した成果を記録にとどめるとともに、付近の大黒塚《だいこくづか》古墳で出土した人物埴輪のスケッチを残しました。また、円筒埴輪の透かし孔の機能について、竹または木の棒を通してあったと考察しています。この考えは、日本初の人類学者坪井正五郎の『はにわ考』（一九〇一年〔明治三四〕）のさし絵などにも影響を与えています（**図5**）。

アメリカ人の化学者で文化人類学者でもあるロミン・ヒッチコック（Romyn Hitchcock）は、アメリカのスミソニアン協会に在職中に来日し、大阪の第三高等中学校の英語教授に就いていたことがありました。彼は「日本の古墳墓」（The Ancient Burial Mounds of Japan）と題する論文を一八八二年の『アメリカ・スミソニアン協会報告』に発表しています。そのなかで円筒埴輪の機能・性格について言及し、円筒埴輪は周濠の堤や墳丘のテラスが流失しないようにするため導入されたものと述べるとともに、先のサトウの説に対して、奈良市のコナベ古墳の例をあげて否定的見解を示しています。

また、イギリス人のウイリアム・ガウランド（William

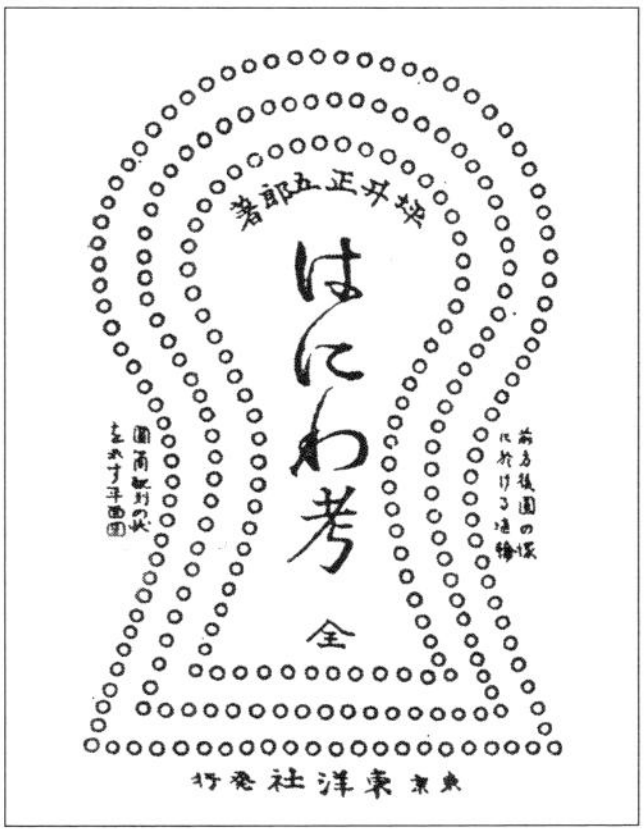

図5　坪井正五郎『はにわ考』（東洋社、1901年〔明治34〕）の図
右上：3段築成の前方後円墳の円筒埴輪列を描いている。下：朝顔形埴輪の透かし孔に棒を通し柵に表現している。

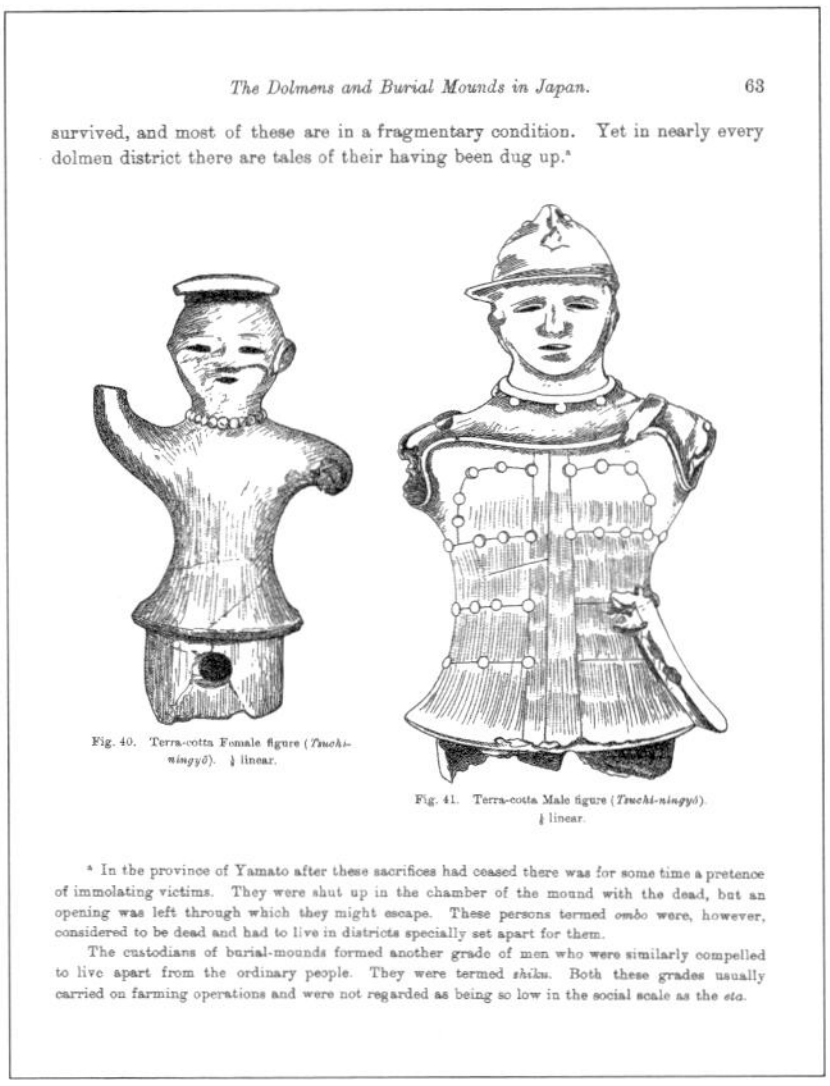

The Dolmens and Burial Mounds in Japan. 63

survived, and most of these are in a fragmentary condition. Yet in nearly every dolmen district there are tales of their having been dug up.[a]

Fig. 40. Terra-cotta Female figure (*Tsuchi-ningyō*). ¼ linear.

Fig. 41. Terra-cotta Male figure (*Tsuchi-ningyō*). ¼ linear.

[a] In the province of Yamato after these sacrifices had ceased there was for some time a pretence of immolating victims. They were shut up in the chamber of the mound with the dead, but an opening was left through which they might escape. These persons termed *ombo* were, however, considered to be dead and had to live in districts specially set apart for them.

The custodians of burial-mounds formed another grade of men who were similarly compelled to live apart from the ordinary people. They were termed *shiku*. Both these grades usually carried on farming operations and were not regarded as being so low in the social scale as the *eta*.

図6　ウイリアム・ガウランド「The Dolmens and Burial Mounds in Japan（日本のドルメンと古墳）」の挿絵

Gowland）は、明治政府が大阪造幣寮（造幣局の前身）に招聘《しょうへい》した化学冶金方《やきんかた》技師兼造幣長官顧問という肩書の人物でしたが、エドワード・シルベスター・モース（Edward Sylvester Morse）とならんで〝日本考古学の父〟的な存在でもありました。

　彼は休日になると奈良、大阪の古墳を訪ねては、現在は陵墓や陵墓参考地とされ、ふだんは立ち入ることのできない古墳の写真撮影や測量調査を実施しました。そして、その調査・研究成果をもとに、一八九七年（明治三〇）、日本の古墳に関する論文「The Dolmens and Burial Mounds in Japan（日本のドルメンと古墳）」（『Archaeologia（考古学）』）を発表しています（**図6**）。

　ガウランドはコナベ古墳などを実地踏査し、その墳丘と埴輪の樹立位置との関係を詳細に観察し、円筒埴輪列の樹立意図を記しています。それはヒッチコックと同様に墳頂部とテラスの形状、周濠の堤が風化によって破壊されないよう保護するためとしつつも、墳頂部の埴輪列が端よりも八フィート（約二・四四メートル）も内側にめぐらされていることから、その土留め説に疑義も呈しています。また、埴輪のルーツに関して殉死代用説を紹介しながらも、それでは人物埴輪とともに出土する円筒埴輪の起源を説明できないとする反論も提示しています。

　以上の外国人の研究論文は、海外でドイツ語や英語で発表されたことから、残念ながら日本人研究者には、先の坪井正五郎の例を除いて、直接的、間接的にほとんど影響をおよぼしませんでした。

埴輪群への注目

その後、日本人による古墳研究も徐々にはじまり、考古学的発掘調査のある程度の進展によって、人物埴輪よりも円筒埴輪が先行して出現したことがわかり、埴輪起源説のうち殉死代用説は否定されました。

代わって、埴輪の出現は中国大陸・朝鮮半島などの墓制が重大な影響を与えたという説と、日本列島で発明されたとする自生説とが、大正時代を中心として明治末年から昭和の初期にかけて集中的に闘わされました。後に京都帝国大学に考古学講座を開設し教授となった濱田耕作による中国の墓制である石人《せきじん》・石獣《せきじゅう》の影響説、東京帝室博物館の館員で古墳時代研究者の高橋健自《けんじ》が唱えた自生説、歴史学者の喜田貞吉《きたさだきち》による近習者や日常使用の器物などの代用供献説などです。

時はあたかも、韓国併合（一九一〇年〔明治四三〕）から満州事変（一九三一年〔昭和六〕）にいたる朝鮮半島・中国大陸への侵略の時期に、これら諸説が提起されたのは注目に値します。

さて、それらはおもに博物館などに収蔵された埴輪をもとに考察されました。その一方で、大正初年に宮崎県の西都原《さいとばる》古墳群が調査されるなど、実際の埴輪の配列が明らかになっていきます。そうしたなかで在野の考古学者、森本六爾《ろくじ》が一九二八年（昭和三）に論文「埴輪」（『考古學研究』第二年第一号）で、個々の埴輪はそれぞれの意味と用途に「適《かな》ふ位置に配列されたもの」であるとして、墳丘上の位置関係の追究が大事であるとしたように、遺物から遺跡へ研究の視点が移っていきます。

この森本六爾による指摘の翌年、一九二九年（昭和四）には、それに啓発されたかのように、埴輪配列の実態を明らかにするような重要な発掘調査がおこなわれました。

群馬県の上毛三山の一つ、榛名山《はるなさん》の南麓にある箕郷《みさと》町（現・群馬県高崎市）で、榛名山の二ツ岳の噴火で降下した軽石の下から古墳が発見されました。墳長約一七メートルの帆立貝式古墳、上芝《かみしば》古墳です。

調査にあたった福島武雄は考古学だけでなく地質学にも造詣が深く、その軽石をとり除いて、古墳の造り出し部の円筒埴輪列にかこまれたなかから、武人や巫女、馬飼いといった人物埴輪と、馬形埴輪や大刀形埴輪などの形象埴輪群をそっくり掘り出しました。しかも、当時の測量技術の粋を結集して古墳の葺石《ふきいし》と埴輪の正確な位置を記録しました。すなわち、武人、巫女、馬飼いなどの人物埴輪と、馬形埴輪や大刀形埴輪などの位置関係を把握し、各々の向きなども記すことに努めました（**図7**）。

それは、埴輪を単体でみるのではなく、埴輪群として総体でとらえるための画期的な資料を提示

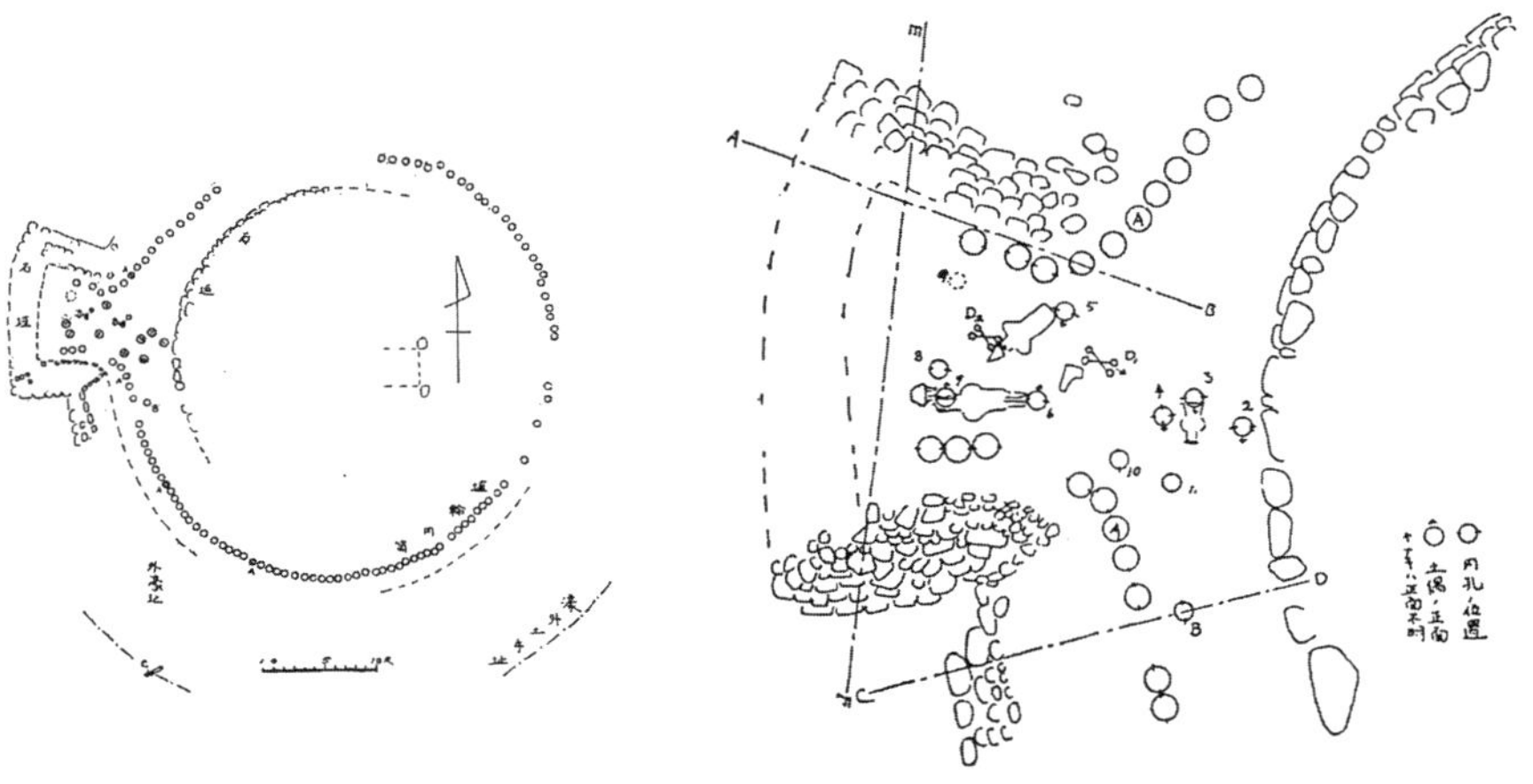

図7　福島武雄による上芝古墳（群馬県高崎市）の埴輪配列図
左図は古墳全体。右図は造り出し部で、埴輪の向きや位置関係を記録している。

することになりました。また、普通円筒埴輪と朝顔形埴輪の配列にも意を注いでいます。これらは埴輪の性格を考えるうえでも大きな影響を与えました。

福島武雄は、続いて同年四～五月には、上芝古墳のある箕郷町の隣町、群馬町（現・高崎市）の保《ほ》渡田八幡塚《どたはちまんづか》古墳を、考古学者の柴田常恵《じょうえ》の指導のもとに発掘調査し、周堤上における円筒埴輪列と形象埴輪群の実態を明らかにします。しかし、この詳細な事実報告の後、福島は病に倒れてしまいます。

これ以降、埴輪研究は、実際の発掘調査の成果をもとにしてくり広げられていきます。それは列島各地において多彩で、主要なものだけでもここに記すことはできないくらいです。最重要な研究については、以下の本文でふれることにします。

第2章

埴輪のはじまり・広がり・おわり

埴輪はどこで生まれたか

いったい埴輪はどこで生まれたのでしょうか。古墳時代の中心地である畿内とみる方が多いのではないでしょうか。ところが、問題はそう簡単ではなさそうです。

先にふれた『日本書紀』垂仁《すいにん》天皇三十二年秋七月条の埴輪起源説話によれば、埴輪の誕生した場所は時の権力の中枢である畿内ということになりますが、これは人物埴輪を中心とする埴輪の起源について語っています。しかし、古い前期古墳を発掘すると、人物埴輪は出てこないのです。

前期古墳では、壺のかたちをした埴輪や土管状の円筒《えんとう》埴輪が出土します。続いて動物埴輪が、なかでも鶏形埴輪が、そして家形埴輪、器財埴輪などが登場してきます。その後、人物埴輪とよばれるものが、すべて一気に出現するのではなく、盾持ち人埴輪が前期末に先行するようです。それにつづいて中期中頃に巫女《みこ》埴輪があらわれると考えられています。

埴輪の起源については長い間不明でしたが、一九六七年、それが解明される日がやってきました。古墳時代研究史に大きな足跡を残した小林行雄氏が、古墳時代に関する最重要論文として筆頭に選んだ論文が発表されたのです。それは岡山大学の近藤義郎氏と春成秀爾氏の共著で学術誌『考古学研究』に発表された、その名も「埴輪の起源」という論文です。

この論文のなかで両氏は、円筒埴輪のルーツが吉備（岡山県および広島県の一部）の弥生時代後期の墓に供えられた、壺をのせる特殊器台《きだい》にあることを解明しました（口絵1）。そして、朝顔形埴輪

茶臼山式壺（桜井茶臼山古墳／奈良県桜井市）

＋

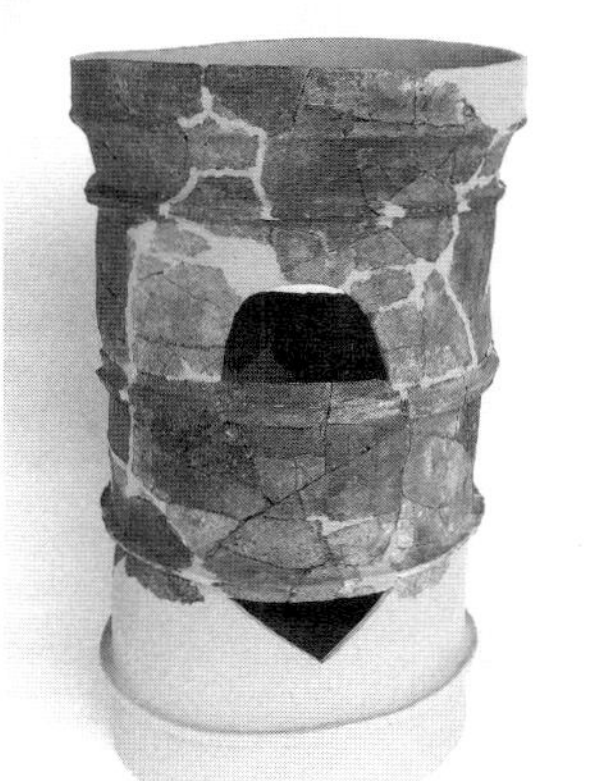

器台円筒埴輪（西殿塚古墳／奈良県天理市）

➡

朝顔形埴輪（群馬県伊勢崎市豊城出土）

図8　器台円筒埴輪と茶臼山式壺が合体して朝顔形埴輪が生まれた

は器台円筒埴輪の上に畿内系のいわゆる茶臼山《ちゃうすやま》式壺（壺形埴輪）をのせた状態をかたどって生まれたものという卓見を示しました（図8）。

ただし、注意しなくてはならないのが、それがどこでなされたのかという点です。吉備なのか畿内なのか、それとも第三の地なのか。その解明は今後の調査・研究を待つことになります。

一方、人物埴輪の出現の問題は依然未解明のままです。殉死代用説以外には、先にふれたように、濱田耕作によって中国大陸や朝鮮半島の墓制の影響説が唱えられてきました。すなわち、中国には秦の始皇帝の兵馬俑《へいばよう》がありますし、ほかにも漢代から唐代にかけて有力者の墓室内には仕えていた人たちに代えて土製人形である俑が入れられました。しかし、それらは日本の埴輪とちがって地下に埋納されました。しかも兵馬俑は等身大で、いわば始皇帝の地下軍団です。また、中国大陸や朝鮮半島には、第1章でもふれたように、石人《せきじん》・石獣《せきじゅう》というものがあります（図9）。これは墓室内ではなく埴輪と同様に墓の上におかれたもので、九州を中心にみられる石人・石馬《せきば》や埴輪のルーツともみなされています。

図9　乾陵（唐代高宗・則天武后合葬墓）の石人（中国陝西省乾県）

卑弥呼の墓？の埴輪

現在、卑弥呼の確実な墓はみつかっていません。しかし、学界では卑弥呼の墓の可能性が高い古墳

図10　箸墓古墳出土の特殊壺形埴輪片（上）と特殊器台形埴輪片（下）
下の破片には曲線と直線を組み合わせた線刻模様があり、模様にそって巴形と三角形の透かし孔があけられていることがうかがえ（破線）、吉備系の特殊器台形埴輪とわかる。

図11　箸墓古墳出土の壺形埴輪
焼成前に底部に孔があけられた畿内系の茶臼山式壺。この種の壺形埴輪は前方部に、特殊器台形埴輪と特殊壺形埴輪は後円部に多くみつかっている。

について議論されています。

奈良県桜井市にある箸墓《はしはか》古墳は日本列島最古の定型化した前方後円墳という評価が高まっています。そうした評価の背景には、そこから出土した埴輪や土器の古さがあります。

箸墓古墳は、宮内庁の書陵部陵墓課の管理下にある「陵墓」の一つです。ふだんは皇族や宮内庁関係者を除くと、一般の人びとはもとより文化財行政に携わる人や考古学研究者も立ち入ることができません。そのため長い間謎につつまれていました。

ところが、一九六八年、奈良盆地を襲った台風で墳丘上に生えていた樹々が倒され、その倒木の根上がりの土中から驚くべき埴輪片が顔を出したのです。それは表面を赤く塗り、特殊な曲線と直線を組み合わせた線刻模様をほどこした埴輪片でした（図10下）。しかも、その模様にそって巴形や三角形の透かし孔があけられています。基部は直立するものがあり、口縁部には段があり、その受け口は上に壺をのせる器台のかたちをしています。その口の外面にも連続三角文の鋸歯文《きょしもん》がほどこされています。このことから、これらの埴輪片は吉備系の特殊器台形埴輪であることがわかります。

図12　桜井茶臼山古墳出土の壺形埴輪
焼成前に底部を穿孔している。前方後円墳の後円部墳頂に埋葬施設を方形にかこうようにならべられた。

上にのる壺も後円部から出土しました。上半分は口縁部に段がある畿内系の茶臼山式壺で、胴部は扁平気味で突帯《とったい》が三条めぐるという、畿内系と吉備系の合体した折衷様式の特殊な壺形埴輪です(図10上)。ほかに、口縁部に段があり球胴の畿内系の茶臼山式壺が、前方部の墳頂で確認されました(図11)。これは箸墓古墳から南東に約三キロ行ったところにある墳長約二〇〇メートルの前方後円墳、桜井茶臼山古墳の後円部墳頂の竪穴式石室を方形にかこむ壺形埴輪(図12)と酷似するものでした。

これらから箸墓古墳の埴輪には、吉備系の様相と畿内系の様相の混在する姿がうかがわれます。初期のヤマト政権の後ろ盾に吉備の勢力があったことが想定されます。

さて、二〇〇九年、国立歴史民俗博物館の研究チームが箸墓古墳の周濠底部より出土した甕形土器に付着した炭化物をＡＭＳ法による放射性炭素年代測定法で測定しました。その較正年代は西暦二四〇～二六〇年と出ました。一方、卑弥呼が亡くなったのは二四八年頃とされています。その時期に卑弥呼を除いてほかに、この古墳の被葬者にふさわしい人物はいないことから、箸墓古墳は卑弥呼の墓で、これらの埴輪は卑弥呼の葬祭のために用意された列島最古の埴輪と考えることもできます。

現状では、弥生時代の人とされる卑弥呼が古墳に埋葬されていたとしたら、それをどのように考えたらいいのでしょうか。年代測定した資料の検討や弥生時代から古墳時代への移り変わりについての幅広い研究の進展が望まれます。

東国最古の埴輪を求めて

いまからおよそ五〇年前の一九七四年、群馬県太田市の市史編纂にかかわった時のことです。同市にある朝子塚《ちょうしづか》古墳を測量調査していると、墳丘の表面に埴輪片が散らばっているのに気づきました。

その破片をよく観察すると、巴形をした透かし孔のある円筒埴輪であることが判明しました。しかも、一般的な円筒埴輪のような単純な筒形ではなく、口縁部に段があり受け口になっている特殊器台のような円筒です。

これは東国最古の円筒埴輪の一つではないかと考え、その後、類例をさがして前期古墳で埴輪が出土した記録のある古墳を中部地方から東海地方にかけて訪ね歩きました。

図13　下郷天神塚古墳出土の古相の円筒埴輪
山陰型特殊器台形埴輪のように基部が広がり、口縁部はすぼまる。三角形と楕円形の透かし孔があけられ、野焼きの黒斑がみえる。

その結果、山梨県は甲府盆地の甲斐銚子塚《かいちょうしづか》古墳、同八代町の岡《おか》・銚子塚《ちょうしづか》古墳、静岡県磐田市の松林《しょうりん》山《ざん》古墳などに同様な埴輪があることを確認できました。とくに甲斐銚子塚古墳には朝子塚古墳で出土したのと類似する壺形埴輪がともなうということを、同古墳の整備事前発掘調査後まもなく知りました（口絵5）。その頃、東日本では、長野県長野市の川柳将軍塚《せんりゅうしょうぐんづか》古墳や同千曲市の森将軍塚《もりしょうぐんづか》古墳などにも古い埴輪の存在が明らかになり（口絵3）、考古学者の川西宏幸氏による円筒埴輪の全国編年が完成しつつありました。

その後の一九七六〜七七年、群馬県では関越自動車道の建設にともなう事前発掘調査がさかんにおこなわれ、高崎市とその東に隣接する玉村町にまたがる下郷天神塚《しもごうてんじんづか》古墳という墳丘の削平された前方後円墳で古相の円筒埴輪が発見されました（図13）。それは普通の円筒埴輪とはちがって、口縁部よりも下の基部のほうが広がる、いわゆる山陰型特殊器台形埴輪（口絵2）に類するものでした。

胴部には三角形の透かし孔、基部には楕円形の透かし孔が認められ、胴部の一部には吉備型特殊器台の弧帯文の変容した文様ともみられる線刻模様がありました。ほかに、特殊壺かとも思われる破片もあり、山陰地方で多く認められる円形竹管文《ちくかんもん》がほどこされていました。

そうしたなかで、玉村町の別の古墳に注目することになりました。それは三角縁神獣鏡が出土した芝根《しばね》7号墳という古墳で、別名、川井稲荷山《かわいいなりやま》古墳ともよばれています。同古墳に興味をもったきっかけは、『前橋市史』を執筆した群馬大学の尾崎喜左雄氏の記載です。

芝根7号墳はかつて、玉村地域の圃場整備事業の事前調査として群馬大学関係者の手で発掘調査された古墳の一つですが、前方部の長さと後円部の直径の比率が1：2という前方部が短小な古墳で、纒向《まきむく》型前方後円墳という古墳時代早期から前期のものです。

ところが発掘では、後円部の高い位置から横穴式石室がみつかったというのです。古墳時代後期にさかんになる横穴式石室が前期古墳にあるとは？　石室の構築材には六世紀中頃の榛名山《はるなさん》二ツ岳噴出軽石である（浮石質紡錘状）角閃石安山岩《かくせんせきあんざんがん》の削り石が使用され、截石切組積《きりいしきりくみづ》みという技法で構築された、れっきとした後期の横穴式石室です。

そして、この石室の解体調査中に奥壁の裏込めのなかから問題の三角縁神獣鏡が発見されました。三角縁神獣鏡は前期古墳に特有の副葬品なのです。さらに、前期古墳でもあることをうかがわせる「赤塗りの土器片」が出土したことを尾崎氏は記しています。

その後、同古墳の発掘調査を直接担当した藤岡一雄氏の手による記録を入手しました。それには墳丘下から古墳時代前期にさかのぼる竪穴住居址が検出されたと書かれています。それらを総合的に検討すると、同古墳は前期にさかのぼる可能性のある古墳で、後に横穴式石室をもつ後期古墳に再利

芝根7号墳の埴輪

芝根7号墳の埴輪の特徴を、少し専門的な内容になりますが説明しておきましょう。

円筒埴輪のルーツになった特殊器台は、近藤氏・春成氏の論文によれば、「立坂型→向木見《むこうぎみ》型→宮山型→都月《とつき》型」という変遷をしていきます。そのなかで芝根7号墳の特殊器台形埴輪は「宮山型崩れ」と「都月型仲間」とよべるような位置づけができます。

「宮山型崩れ」とは、吉備型特殊器台のなかの「宮山型」の変容したもので、かたちとしては口縁部が普通の特殊器台の段づくりではなく二枚に重なった特殊なつくりとなっています。また口縁部の内面から外面全体にわたってベンガラで赤色塗彩されています。

頸部には文様帯があり、弧帯文《こたいもん》崩れの弧線と直線を組み合わせた線刻模様にそって木の葉形の透かし孔があいています。胴部には粘土紐（断面は三角形）二本を近接して貼った突帯がみられます。そして突帯間の文様帯には、特殊器台の弧帯文のうち弧線を省いた平行線文をジグザグにほどこしています。また正三角形と逆三角形の透かし孔を千鳥に配置しています。基部は裾が外側に広がり、底部の接地面が広くなっています。

一方、「都月型仲間」としたのは、純粋な「都月型」の基部は直立していて、埋めて土中に隠れるため塗られていないのですが、当例は基部まで赤色塗彩されているからです。胴部の詳細は不明ですが、線刻模様はないものの、正三角形と逆三角形の透かし孔が千鳥に配されていると推定されます。

「宮山型崩れ」「都月型仲間」両者とも、基部を埋めずに墳丘上に立てておいたと考えられます。

こうしたことから、芝根7号墳の埴輪は、特殊器台から円筒埴輪に移り変わる頃のもので、東国最古の埴輪といえます。それは纒向型前方後円墳にともなう古式の三角縁神獣鏡が出土していることからも傍証されます。

図14　芝根７号墳出土の埴輪片
吉備系の特殊器台の名残をとどめた東国最古の埴輪。頸部文様帯の透かし孔は木の葉形で全周せず、前面のみの可能性がある。

用されたということになります。そこで問題となるのは、「赤塗りの土器」と三角縁神獣鏡との関係、さらには同地域の下郷天神塚古墳の古相の円筒埴輪との関係はいかがかという点です。

そこで一九七七年、芝根7号墳の再調査を計画しました。当時は圃場整備も終わり、芝根7号墳の墳丘は完全に削平されて水田と化していました。遺跡としても抹消され、古墳はなくなってしまったことになっていましたが、地主さんを説得して発掘調査の手続きに入りました。

まず役場に行って古い地籍図と新しい地籍図を入手し、それを重ねてトレースし、発掘すべき場所を確定しました。稲の収穫後に発掘に着手すると、水田下より墳丘の裾とその周囲の濠《ほり》がみつかり、墳丘の際から新旧の埴輪片と古墳時代前期の土器片が出土しました（図14）。

その結果、「赤塗りの土器」の正体は特殊器台形埴輪であることが判明し、東日本最古の埴輪の実態が明らかになったのです（前頁「芝根7号墳の埴輪」参照）。

埴輪の編年

埴輪は古墳の年代をはかる指標ともなります。埴輪のかけら一片でも、それが特徴的な部位ならば古墳の年代をある程度推定することが可能です。とくに円筒埴輪は、土器と同じように製作技法のちがいや形態の特徴などから、年代の〝ものさし〟に利用できます。

製作技法では、まず焼成技法のちがいがあげられます。埴輪は、五世紀中頃（あるいは前半）に朝鮮半島の陶質土器の影響を受けた須恵器《すえき》の出現に関連して、それまで野焼きであったのが、窯を使って高温で焼かれるようになります（この頃の窯を窖窯《あながま》といいます）。その焼成技法の差をみきわめるには、焼きむらである黒斑の有無が鍵となります。黒斑があれば野焼きで五世紀前半以前のもの、黒斑がなければ窯で焼いた五世紀中頃以降のものとなります。

ただし、この場合、焼成技法が短期間で全国的に変革されたことが前提になります。また、大古墳と小古墳で焼成技法の差がないことも考え方の前提です。

続いて重要なのが、埴輪を成形するときに表面をどのように整えるか、その外面調整の技法のちがいです。川西宏幸氏は円筒埴輪の整形時の外面の整え方を経年的に分析しました。

それによると、Ⅰ期（三世紀後半）は、粘土紐を巻き上げて輪積みにし、スギ材の柾目板などで縦方向に表面をならします。すると板でならした痕には、板の年輪による細かいスジがつきます。これを研究者は「ハケメ（刷毛目）」とよんでいます。そして、このときできたハケメを「一次縦ハケメ」とよんでいます。つぎに細い粘土紐を水平に貼りまわし突帯をつくり、さらに突帯のあいだを縦方向になでつけています（二次縦ハケメ）。

Ⅱ期（四世紀）になると、上記の突帯貼りつけの後のなでつけが横向きに変化します（横ハケメ）。その際、板をワンストロークずつなでつけ、表面から板を離していきます。これを「A種横ハケメ」とよんでいます（図15）。

Ⅲ期（五世紀前半）になると、二次の横ハケメをほどこす際に回転台を利用して、板を表面から離さずに止めてはまた回転させてなでつけていきます。すると断続的な横ハケメが軌跡として残ります。見た目はすだれ状の模様のようです。これを「B種横ハケメ」といいます。

さらにⅣ期（五世紀後半）になると、今度は回転台に替えて轆轤《ろくろ》を利用することで、二次の横ハケメはストロークの長い連続したハケメとなります。これは「C種横ハケメ」と名づけられました。

その後、Ⅴ期（六世紀以降）になると、突帯貼りつけ後の二次調整は手抜きされて、突帯貼りつけの前の一次縦ハケメだけになります。

A種横ハケメ
板をワンストロークずつなでつけている。

B種横ハケメ
回転台を利用して、板を表面から離さずに少しずつ回転させてなでつけていく。断続的な軌跡が残り、すだれ状の模様のようにみえる。

C種横ハケメ
轆轤を利用して板をなでつけることで、ストロークの長い連続したハケメとなる。

図15　円筒埴輪の外面調整＝ハケメ
A種横ハケメ（4世紀）→B種横ハケメ（5世紀前半）→C種横ハケメ（5世紀後半）と変遷する。なお、地域によって変遷は異なり、C種横ハケメが導入されなかったり、いち早く一次縦ハケメだけになったりするところもみられる。

最近では、川西氏のB種横ハケメについて古墳時代研究者の一瀬和夫氏らが細分案を示しています。たとえば板を垂直に立てているか寝かせているか、突帯間を一段ですませているか、複数段にほどこしているか、ストロークの長さの長短はどうかなど細部に注目した研究がおこなわれています。それは実地調査の難しい陵墓の編年研究にも役立てられています。

さて、編年にはこれらの製作技法に加えて、口縁部のつくりや底部の処理技法、外面の赤彩の範囲、突帯の断面形状の特徴、透かし孔の形態・組み合わせ、透かし孔の数・配置などを総合的に判断して年代を推定していきます。

一方、形象埴輪や器財埴輪は文様の精粗などの型式学的変化で、人物埴輪は女性埴輪の髷《まげ》の撥《ばち》形から分銅《ふんどう》形への変化（図71参照）、盾持ち人埴輪の盾面と円筒部の接合の仕方の移り変わり、朝顔形埴輪の肩部の張りの縮小化、壺形埴輪の長胴化といった形態に着目したり、馬形埴輪に表現された飾り馬具の型式学的編年などを参考に年代を推定しています。

埴輪の地域性

埴輪に地域的な特徴はあるのでしょうか。研究者のあいだで「……型埴輪」とよばれている埴輪には、「山陰型特殊器台形埴輪」をはじめ、「下総《しもうさ》型埴輪」「下野《しもつけ》型埴輪」「尾張型埴輪」「淡輪《たんのわ》型埴輪」「丹後型円筒埴輪」などがあります（図16）。

山陰型特殊器台形埴輪についてはすでにふれました。吉備の特殊器台形埴輪とは異なり、口径よりも底径が大きく裾広がりで、突帯が二条と少ないものや突帯のないのが特徴です。竹管文様があるものもみられます。三世紀代を中心に出雲地域に分布します。

下総型埴輪は、古く古墳研究者の轟俊二郎氏が提唱したもので、五世紀後半から七世紀初めにかけて、茨城県の霞ヶ浦沿岸地域から千葉県北部にかけて分布します。特徴は、円筒埴輪では突帯が三条で、口径が底径より広く開いている点です。透かし孔は円形で、二段目と三段目に千鳥に一対ずつ対向位置にうがたれています。外面調整は一次縦ハケメがほどこされ、黒斑がないことから窖窯焼成であることが知られます。形象埴輪では、とくに人物埴輪に規格性があり、細い腕を胴体にくっつけて造形します。胎土中に金雲母を多く含みます。

下野型埴輪は、現在の栃木県域に六世紀後半代を中心に広がった埴輪です。多段突帯の円筒埴輪で、最下段の突帯が低い位置にあるのが特徴です。形象埴輪の基部にも低位置に突帯があります。比較的太く、前方後円墳など大型古墳を中心に供給されています。

尾張型埴輪は、五世紀末から六世紀前半にかけて尾張平野全域から三河、伊勢の一部にかけてみられます。須恵質埴輪が多く、須恵器と同様な窖窯で高温還元焔焼成されています。大型品は天地を逆さまにして成形したことがうかがわれます。円筒埴輪は轆轤成形で、内・外面調整には二次調整にC種横ハケメが多用されています。また轆轤からとり上げるときに底部回転切り離しをした痕がみられます。この地域には須恵器窯として有名な猿投《さなげ》窯があり、「猿投型埴輪」ともよばれています。須恵器工人との密接な関係が注目されます。

淡輪型（系）埴輪は、大阪府南部の淡輪地域を中心に分布します。淡輪技法という、同一規格の円筒埴輪の底径を設定するため紐をおいて粘土紐を積み上げていき、須恵器と同様叩き整形で仕上げます。尾張型埴輪と同じく高温還元焔で焼きます。五世紀末から六世紀前半にかけて認められます。

丹後型の円筒埴輪は京都府の丹後地域に分布しています。円筒埴輪の口縁部が外側に開かず、内側にすぼまってドーム形になっています（口絵6）。あたかも朝顔形埴輪の頸部から上をとり去ったか

図16　埴輪の地域性
埴輪の分布は前方後円墳の分布とほぼ重なる。そのなかで「○○型」とよばれる地域色豊かな埴輪が生まれた。

たちで特異な円筒埴輪です。鳥取県東部地域の同様なものは「因幡《いなば》型円筒埴輪」とよばれています。いずれも古墳時代前期、四世紀代に中心があるようです。

なお二重口縁の壺形埴輪は、口縁部のかたちのちがいから「茶臼山式（畿内系）」「伊勢型」「東四国型」「山陰型」「吉備型」などと分類することもおこなわれています。また、人物埴輪のうち巫女埴輪は造形上、東西の地域性があり、おもしろい点です。

こうした地域性はなにを意味するのかというと、埴輪工人集団が地域的に存在し、列島規模の移動や交流は、例外を除いて基本的にはなかったということです。ただし隣接地域のつながりはあったようで、毛野《けの》地域（群馬県と栃木県の一部地域の上野《こうずけ》、下野地域）に下野型埴輪が広がっていたり、山高帽をかぶり顎鬚《あごひげ》をたくわえた男性埴輪（口絵11）が上総・下総・常陸《ひたち》にわたって広く分布したりするものもあります。

例外は家形埴輪で、東西広範囲にわたってみられます。また、今城塚《いましろづか》古墳の埴輪群（口絵9）を製作したことがわかっている大阪府高槻市の新池《しんいけ》埴輪製作遺跡（図103参照）からは関東系の鬼高《おにたか》式土器が出土していて、大王墓の築造にあたって広域から埴輪工人が動員されたことを示唆しています。

最果ての埴輪

古墳は、日本列島のうち南の沖縄・南西諸島、北の北海道には分布しません。前方後円墳の分布でみると、南端は鹿児島県大崎町の横瀬《よこせ》古墳、北端は太平洋側では岩手県奥州市の角塚《つのづか》古墳で、それは埴輪の分布とも重なります。

南の横瀬古墳は志布志《しぶし》湾の現海岸線よりも一キロほど奥に入った場所にある前方後円墳です。鹿児島県域第二位の大きさで、墳長が約一三〇メートルあります。主体部は竪穴式石室と考えられていて（正式な中心部の発掘調査はおこなわれておらず、盗掘されているようです）、出土する滑石《かっせき》製模造品および朝鮮半島の伽耶《かや》系陶質土器や畿内陶邑《すえむら》産の須恵器があることから、古墳時代中期の五世紀中頃～後半の年代がうかがえます。

埴輪は円筒埴輪のほか、武具の盾《たて》や甲《よろい》の草摺《くさずり》などの器財埴輪、鳥・馬などの動物埴輪、そして人物埴輪といった形象埴輪が知られています。円筒埴輪は突帯が三条以上あり、同一段に円形透かし孔を四つ配するものです（図17）。普通、透かし孔は突帯をはさんで上の段と下の段では同じ位置ではなく千鳥にあけられていますが、横瀬古墳の円筒埴輪は上下で同じ位置にあり縦にならんでいて、みていてなにか違和感があります。

外面調整に一般的なハケメを欠き、指を使ったナデ調整をおこなう古墳時代中期の土器的なつくりです。同古墳は海浜部に立地する「海浜型の前方後円墳」で、海上交通とのかかわりの強いことがうかがえます。

図17　横瀬古墳（鹿児島県大崎町）の円筒埴輪
ずん胴の形状や透かし孔が小さく古相である。地元の土器づくり職人の作か（なお本埴輪の最上段は復元によるが、最上段に透かし孔があく例は一般的ではなく、突帯は3条以上になるとみられる）。

一方、北の角塚古墳は墳長四五メートル前後の帆立貝式古墳で、円筒埴輪のほか、人物埴輪と鶏形埴輪、馬形埴輪、猪形埴輪が出土しています（図18）。年代は五世紀後半に位置づけられます。円筒埴輪は三条突帯をもち、同一段に円形透かし孔が二つあります。外面調整は縦ハ

図18　角塚古墳（岩手県奥州市）の鶏形埴輪と円筒埴輪

ケメです。

　角塚古墳は岩手県域では最古最大の古墳で、ここにのみ埴輪が存在する点で、ヤマト政権との緊密な関係が想定されます。付近に同時期の豪族居館、中半入《なかはんにゅう》遺跡があり、畿内系須恵器とともに北海道系の続縄文土器などがみつかっています。角塚古墳は、続縄文文化の人びとに畿内の埴輪をともなう古墳文化をみせつける役割をはたしたとも考えられます。

　なお、日本海沿岸地域の最北端の埴輪をもつ古墳は、新潟県新潟市の牡丹山《ぼたんやま》諏訪《すわ》神社《じんじゃ》古墳です。五世紀前半の造り出しがある円墳で、直径三〇メートルほどです。三角板革綴短甲《さんかくいたかわとじたんこう》や土製勾玉・管玉《くだたま》、須恵器は五世紀前半（陶邑の型式でいうとＴＫ73型式～２１６型式）の高坏《たかつき》形器台が出土しています。普通円筒埴輪のほかに朝顔形埴輪も出土していますが、形象埴輪は家形埴輪の可能性のあるもの以外に確認されていません。そのことから本格的な埴輪祭祀は導入されていなかったようです。しかし、円筒埴輪は畿内の大阪府の古市《ふるいち》古墳群の埴輪製作技法を忠実に伝えており、彼の地より埴輪製作工人を招請してつくったと考えられます（図19）。

　牡丹山諏訪神社古墳は信濃川と旧阿賀野川の合流点に近い河口部に位置し、会津・出羽・信濃・佐渡・能登とも水上交通でつながっており、交通の重要地点にあったことがわかります。付近には後の七世紀中頃（六四七年〔大化三〕）に設置されたという渟足柵《ぬたりのき》の推定地があり、ヤマト政権の東北経営上の歴史的要地であったことが知られます。

埴輪の終焉

　古墳時代の中心地である畿内では、六世紀中頃にはいち早く埴輪を立てる風習は終焉を迎えます。

　畿内で最後の埴輪をもつ古墳とされる奈良県三郷町の勢野茶《せやちゃ》臼山《うすやま》古墳では、横穴式石室の前庭部から巫女埴輪、家形埴輪、大刀《たち》形埴輪、盾形埴輪などのかぎられた埴輪が出土しました。前方後円墳（一説には円墳）で、墳長は約四〇メートルの中小規模古墳です。ただし時期は六世紀初頭といわれており、埴輪終末段階の古墳とするには早すぎます。

　大阪府堺市の日置荘西町《ひきしょうにしまち》埴輪製作遺跡からは、蓮華文の線刻がある円筒埴輪が出土しています（図20）。六世紀後半から末

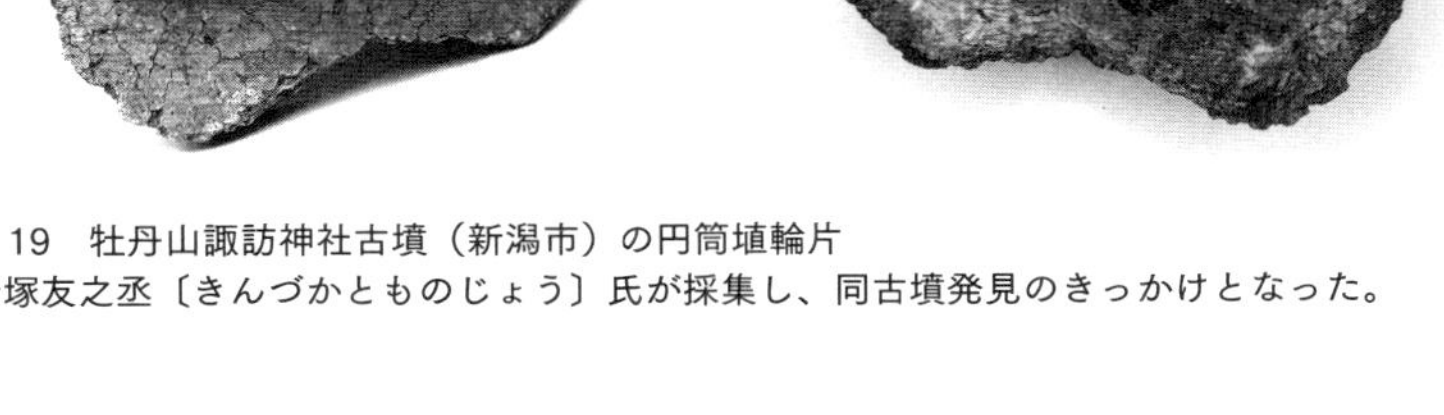

図19　牡丹山諏訪神社古墳（新潟市）の円筒埴輪片
金塚友之丞〔きんづかとものじょう〕氏が採集し、同古墳発見のきっかけとなった。

図20　日置荘西町埴輪製作遺跡（大阪府堺市）出土の蓮華文線刻がある円筒埴輪片

図21　水泥南古墳（奈良県御所市）の家形石棺
6世紀末頃の円墳で、縄掛け突起に蓮華文が刻まれ、仏教文化の影響がみられる。

の畿内地域では一般的に埴輪生産は途絶えたとされており、仏教文化の影響も示唆されます。畿内では奈良県御所《ごせ》市の水泥《みどろ》南《みなみ》古墳の六世紀末頃の家形石棺に蓮華文のレリーフがあることが知られており（図21）、古墳文化と仏教文化の融合がうかがわれます。

　東日本では、埴輪がなくなるのは畿内よりも遅れ、六世紀末の前方後円墳まではおおかた埴輪が存在します。群馬県太田市の今《いま》泉口八幡山《いずみぐちはちまんやま》古墳、二《ふた》ツ山《やま》2号墳、同高崎市の八幡観音塚《やわたかんのんづか》古墳などの前方部が発達した最終末段階の前方後円墳がそれです。ちなみに、同前橋市の総社《そうじゃ》古墳群のなかの方墳、愛宕山《あたごやま》古墳は七世紀初頭の方墳ですが、埴輪が存在するともいわれていました。しかし発掘調査の結果、それは確実ではないようです。

　一方、千葉県山武《さんむ》市の経僧塚《きょうそうづか》古墳は六世紀末から七世紀初頭にかけての埴輪のある最終末の円墳で、大量の埴輪を樹立しています（図22）。墳丘の東側と西側に円筒埴輪が立てられ、南側と北側に形象埴輪が集中して立てならべられていました。南側の埴輪には、山高帽をかぶり下げ美豆良《みずら》に顎鬚をたくわえた全身立像の男性貴人埴輪八体を中心に、半身像の女性埴輪九体と家形埴輪四体、靫《ゆき》形埴輪二体、鳥形埴輪三体があります。一方、北側には、鳥形埴輪七体が列をなし、男性立像埴輪一体、女性半身像埴輪八体、靫形埴輪一体、動物埴輪二体が連なっています。

　それが、経僧塚古墳の頃を最後に東日本でもパタッと古墳に埴輪はなくなります。そのことからみると、埴輪樹立の終焉は急激なものであったといえるでしょう。そこにはたんなる文化

図22　経僧塚古墳（千葉県山武市）の埴輪群
最終末の分銅形髷を結った女性埴輪群や鍔付き山高帽をかぶり顎鬚姿の男性埴輪などがある。

現象の衰退過程ではなく、政治が関与していると考えられます。

朝鮮半島の埴輪

以前は、前方後円墳や埴輪は日本列島独自のものと考えられていましたが、最近は隣国の韓国でも確認されるようになりました。

一九九〇年、韓国南西部の光州《クァンジュ》市月桂洞《ウォルゲドン》というところで先端科学工業団地の造成時に、二基の前方後円形の墳墓と埴輪様のものが発見されました（図23・口絵31）。それを契機に、それらと立地を同じくする栄山江《ヨンサンガン》流域からぞくぞくと同様なかたちの古墳と埴輪様のものの存在が明らかになってきました。

資料が蓄積してくると、埴輪様のものは必ずしも前方後円形の墳墓だけでなく、方墳や円墳にともなうものも知られてきました。いまでは、それらは日本列島の古墳とくらべると一部変容していますが、広義には前方後円墳と埴輪といってもよいと考えられます。

朝鮮半島の埴輪には当初、普通円筒埴輪と朝顔形埴輪のみが認められましたが、その後、壺形埴輪や形象埴輪の人物埴輪、馬形埴輪、鳥形埴輪なども確認されています。それでも、同一古墳にすべての種類の埴輪が存在するのではなく、選択的に受容されていることがうかがわれます。

図23　韓国光州市の月桂洞1号墳
横穴式石室をもつ2基の前方後円墳、1号墳・2号墳が隣接してある。そのうち1号墳には普通円筒埴輪と朝顔形埴輪が認められる。

そのつくり方からは、日本列島の一般的なハケメ調整をもつものと、朝鮮半島の陶質土器や韓式土器にほどこされる叩き調整をもつものが存在することが判明してきました。そのことから、朝鮮半島の埴輪製作者は日本列島（倭）の埴輪工人かその影響を受けた人びとと、日本列島で埴輪製作を経験してきた朝鮮半島系の渡来人あるいは埴輪をみてきた土器製作者などが想定されます。

埴輪をもつ古墳の被葬者はヤマト政権と緊密な関係にあった有力者と考えられます。ちなみに、先の月桂洞1号墳には、蓋《きぬがさ》形やいわゆる石見《いわみ》型盾形の木製品、木の埴輪がともなっており、より日本列島の古墳との関連性・親縁性が強いことが指摘できます。なお、その日本列島と朝鮮半島のものの新旧関係ですが、いまのところ日本列島のもののほうが古く、朝鮮半島のものは六世紀初頭以降に下ることがうかがえます。

第3章

埴輪の役割

塚廻り古墳群で考えたこと

一九七七年のこと、わたしの郷里、群馬県太田市の龍舞《りゅうまい》で圃場整備事業が計画され、群馬県教育委員会が事前の発掘調査を実施しました。その折、水田の水路を重機で掘削していると円筒《えんとう》埴輪が顔を出しました。水田の下に古墳が眠っていることが明らかになりました。塚廻《つかまわ》り古墳群です。

調査の担当者は、わたしを中学生の頃から考古学の世界に導いてくれた石塚久則さんという方でした。当時、わたしは早稲田大学の大学院で考古学を専攻していました。指導教官は滝口宏先生と久保哲三先生でした。

滝口先生は『はにわ』(日本経済新聞社、一九六三年)という本を出され、それにみずから調査した千葉県横芝《よこしば》光町《ひかりまち》の殿塚《とのづか》古墳、姫塚《ひめづか》古墳の研究成果を発表し、埴輪の性格論として「葬列説」を提唱されていました。一方、久保先生は早稲田大学史学会の学会誌『史観』七五号に「古代前期における二重葬制について」(一九六七年)という論文を発表し、古代史からも考古学からも注目される「殯《もがり》」論を展開されていました。

わたしは両先生の学問的影響を受けながら、他方、その頃角川書店から刊行されていた『古代の日本』というシリーズに魅力的な論文を発表されていた水野正好氏の「埴輪芸能論」(『古代の日本　二　風土と生活』一九七一年)に目がとまりました。水野氏は埴輪を、首長権の継承儀礼をかたどったものだという新説を唱えていました。

図24　塚廻り1号墳（群馬県太田市）の盾持ち人埴輪
盾の部分には魔除けの連続三角文を描き、顔には威嚇するかのように隈取り風の赤色塗彩をする。盾形と頭部は別づくりで合体してある。

新天皇の即位後初めておこなう新嘗祭《にいなめさい》を大嘗祭《だいじょうさい》といいますが、もともと旧天皇の霊を新天皇が継承する秘儀が執りおこなわれた場、天皇位継承の正統性を宣言する場と考えられます。

日本民俗学の和歌森太郎氏が埴輪のあらわしている世界と大嘗祭との関連を指摘していました。それは大嘗祭に登場する儀式用の道具が器財埴輪と共通性があるということです。たとえば、貴人に差しかける蓋《きぬがさ》や貴人の顔を隠す翳《さしば》などがあげられます。天皇家の祖先神、天照大神を祀る伊勢神宮で二〇年ごとにおこなわれる式年遷宮《しきねんせんぐう》の様子を葬列と似ているとする指摘もあり、そこに使われる祭具にも蓋と翳が認められます。こうした当時の最高権力者の葬祭と即位儀礼が合わさったものとする見方をヒントに、水野氏は埴輪の「首長権継承儀礼」説に通じる「埴輪芸能論」を展開しました。

さて、そうした頃、石塚さんから塚廻り古墳群の発掘調査を手伝ってくれないかという誘いを受け、発掘に参加することになりました。そのときすでに1・2号墳の調査は終わっていて、3・4号墳の調査に入る段階でした。それまで1号墳が中小規模の帆立貝式古墳で、造《つく》り出《だ》し部前端に四体の盾持《たても》ち人埴輪（図24）が一列横隊にならび、その内側に二体の馬形埴輪が横ならびになっていたことなどが明らかになっていました。

3号墳の調査にとりかかると、同様に帆立貝式古墳の造り出し部から人物埴輪が出土しました。しかし、こちらは盾持ち人埴輪ではなく、椅子に腰かけた女性で、左腰には鈴鏡《れいきょう》を携え、着衣は特別な意須比《おすい》という祭服をまとったものでした（口絵17）。手には酒坏を持ち、それを前面の人物に差し出しているようなしぐさでした。ちなみに、鈴鏡がついた埴輪は女性にかぎられるので、鈴鏡が副葬された古墳がみつかったら、被葬者は女性でかつ巫女《みこ》の可能性が考えられます。

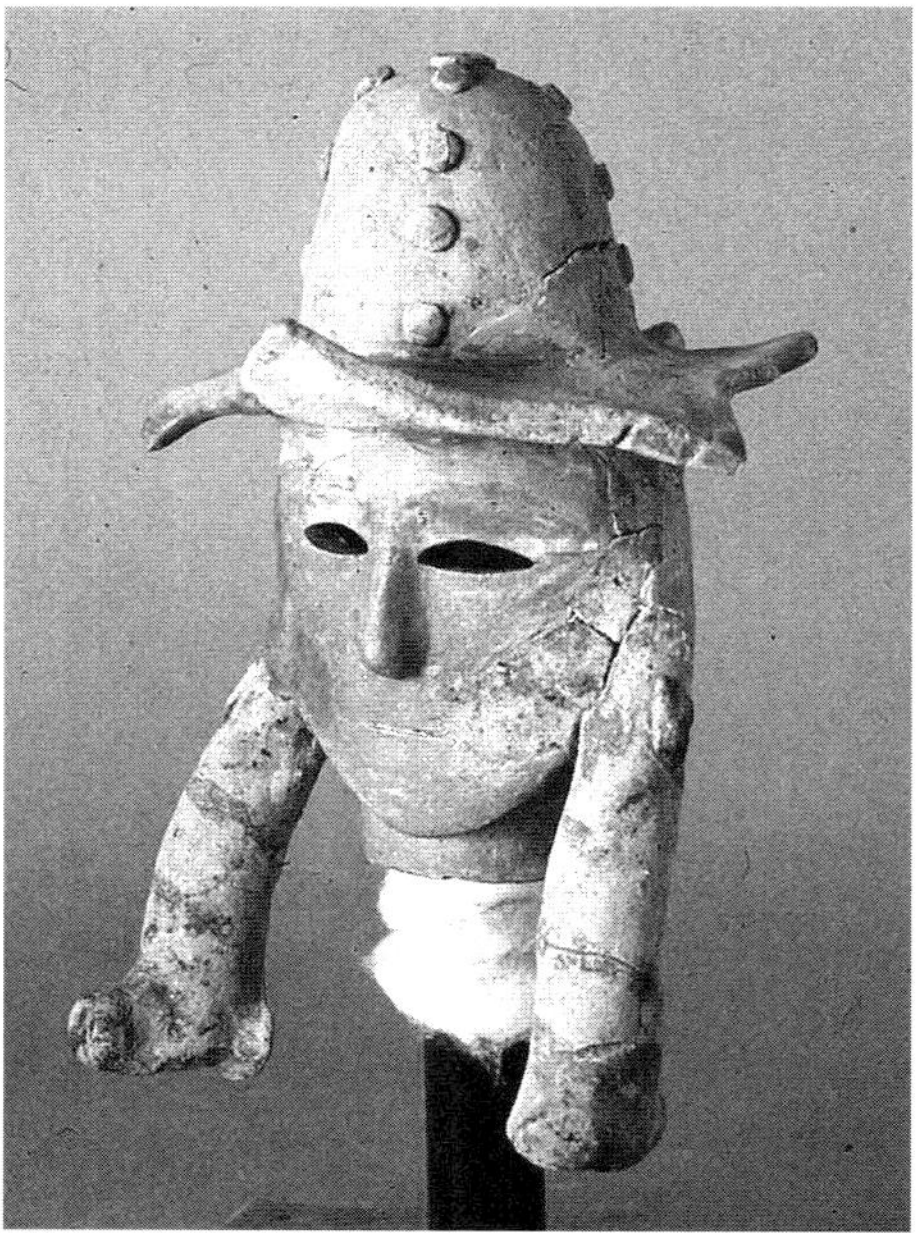

図25　塚廻り3号墳（群馬県太田市）の飾り帽をかぶる男性埴輪
同古墳からはもう1体、同様な飾り帽をかぶり、飾り帯をしめて椅子に座る男性埴輪が出土した。

ほかに、坏や小さな壺である坩《かん》を捧げる女性埴輪、飾り帽をかぶり椅子に座る男性貴人埴輪、そのほか同じく飾り帽をかぶる男性埴輪と振り分け髪の男性貴人埴輪の頭部（図25）がみつかっています。このうち振り分け髪の男性埴輪はひざまずく跪座《きざ》の可能性があります。前端部には大刀《たち》や盾といった武器・武具の器財埴輪がおかれていたようです（図26）。ここで、同格の男性貴人埴輪が二体あることに注目したいと思います。

　続いて、4号墳の調査に着手すると、帆立貝式古墳のほぼ全容が判明してきました（図27）。すなわち、埋葬施設のある円丘部には家形埴輪がおかれ、それを護るかのように大刀・盾・靫《ゆき》などの武器・武具の器財埴輪と円筒埴輪列が円丘部をとりまいている様子が浮かびあがってきました（図28）。

　一方、造り出し部では円筒埴輪列にかこまれたなか、前端部に大刀を持つ女性埴輪（口絵19）を中心として坏を捧げる女性埴輪、踊るようなしぐさをする女性埴輪がならびます。その内側には椅子に座る飾り帽の男性貴人埴輪、ひざまずく男性埴輪、そして縦列二体の馬形埴輪とその脇には手綱《たづな》をとる馬飼いの男性埴輪などの存在が確認できました（図29）。

図26　塚廻り３号墳の大刀形埴輪
造り出し部から、サーベルのような護拳飾りに三輪玉などをつけた大刀形埴輪が４本出土した。

　報告書作成にあたり、石塚さんから論文執筆の機会をいただきました。当時は若気のいたりで「埴輪祭式論」という気負ったタイトルで文章を書きました。その内容は、埴輪のもつ意味を再検討したもので、はじめに研究史にふれ、恩師の滝口先生の葬列説などを紹介しつつも批判することになりました。

内容は、水野氏が唱える首長権継承儀礼説を久保先生の殯《もがり》論を下地に補強し、殯の場がまさに首長権継承の場であったとして、首長権継承儀礼説と殯説の合一を図ったものでした。当時は首長権継承儀礼説と殯説は独立して対峙するものととらえられていました。

その後、塚廻り古墳群出土の埴輪群は重要文化財になり、現地の塚廻り4号墳と3号墳の一部は群馬県指定史跡になりました。地元太田市教育委員会では史跡整備を計画し、塚廻り古墳群の埴輪配列を再現しようとしました。そこで、埴輪を合成樹脂の強化プラスチックで復元し、それを現地において、個々の埴輪がどちらを向いていたのかを調査データをもとにさまざまな角度から観察し、検討す

図27　塚廻り4号墳（群馬県太田市）の景観
形象埴輪のとり上げがほぼすみ、円筒埴輪列が原位置にのこる様子。埋葬施設が2基みつかった（円丘部中央と写真左手の円筒埴輪列の箇所）。奥には3号墳の造り出し部がわずかにみえる。

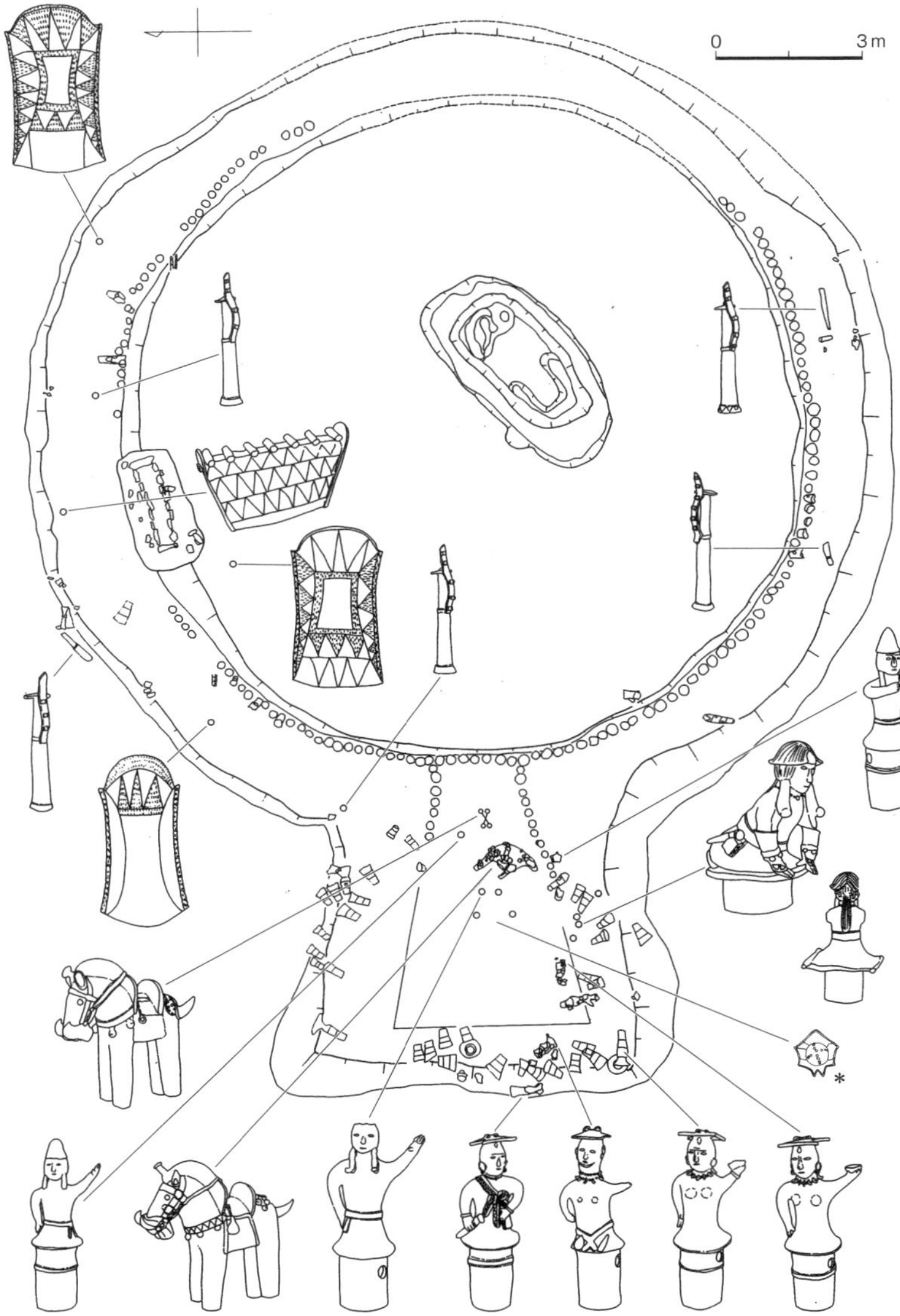

図28　塚廻り4号墳の形象埴輪の出土位置
家形埴輪・大刀形埴輪・盾形埴輪は円丘部の端近くから出土したが、これは墳頂から転落したことによる。本来は円筒埴輪列の内側、中央の埋葬施設の直上に家形埴輪があり、それを大刀形埴輪と盾形埴輪がかこみ守護していたと考えられる。造り出し部には奥に飾り馬と馬飼いが2組おかれ、中央に主従の男性埴輪群が、手前に奉仕する女性埴輪群がおかれている。＊印は飾り帽で、男性貴人埴輪がもう1体あったことがわかる。

図29　塚廻り4号墳の人物埴輪群
左から、手綱をとる馬飼いと飾り馬、椅子に座る首長、ひざまずく臣下、坏を捧げる女性たち、そして大刀を持つ巫女。このうち女性たちは造り出しの前端部にならんでいた。造り出しにはもう一体、飾り帽の首長が中央にいた。

る機会が設けられました。ありがたいことに、わたしも参加することができました（図30）。

基本的には、造り出し部前端正面からの視点、そして同造り出しを側面側からみる視点など、多視点での再現となりました。すなわち、女性埴輪群像は造り出し部前端正面からみて一列横隊にならべました。すると、そこからみると馬形埴輪と馬飼いの二セットは一列縦隊になり重なってしまいます。だからといって、それらを一列横隊にならべることができないのです。なぜならば馬形埴輪の脚の位置は発掘調査の記録に、しっかり原位置が記録されていたからです。しかも、ひづめの表現と頭部の出土位置からどちらが前かも判明しました。また、馬形埴輪と手綱をとる馬飼いの位置関係も重要です。

さらには3号墳同様、椅子に座す男

図30　埴輪群を復元した塚廻り4号墳
円丘部と造り出し部をかこむ円筒埴輪列には要所に朝顔形埴輪が配置されている。その結界のなか、円丘部は家形埴輪と器財形埴輪で、造り出し部は馬形埴輪と人物埴輪群で構成される。なお、この復元では出土位置を重視して、円丘部端の埋葬施設脇に家形埴輪をならべているが、本来は中央の埋葬施設の直上にあったと考えられる。

性貴人推定二体とひざまずく男性の組み合わせも重視されます。当初、男性貴人は一体と考えていましたが、パーツを検討していくと二体ありそうだということになり、そこで新旧首長という考え方に行き着きました。ひざまずく男性は椅子に座す貴人と対向させ、そこで先の首長の生前の業績を讃え、新首長の権力継承の正統性を述べる誄《しのびごと》の奏上という筋書きを想定しました。

一方、円丘部の盾や大刀などの器財埴輪の一群は種類ごとに交互にならべ、盾形埴輪は盾面を外側に向けて首長の眠る聖域を円筒埴輪列の内側でガードするよう配置しました。すなわち、死者が悪霊となりそれが外に出るのを防ぐためではなく、外部の悪霊から死者を守護するためという考えです。

埴輪は単独で使用されたものではありません。複数組み合わさって存在したのです。馬飼いを馬から切り離したら、どういう性格の人物かわからなくなります。饗応する人物と饗応される人物とはセットで把握する必要があります。

各種埴輪は「埴輪群」総体として読み解かねばなりません。その背景のシナリオ、「埴輪祭祀」という各種埴輪に通底する視点が大事なのです。近年の埴輪研究の動向は、埴輪をバラして、微に入り細をうがつ個別研究が花盛りです。それはそれで大事なのですが、それらを再度組み立てて、全体像をみる視点が重要です。その上に立ってみえてくる新たな「埴輪論」に期待したいと思います。

本物の大王墓の埴輪群

現在、宮内庁が治定《じじょう》している継体天皇陵は、大阪府茨木市の太田茶臼山《おおだちゃうすやま》古墳という五世紀中頃の墳長二二六メートルの前方後円墳です。しかし、本当の継体天皇陵は同高槻市の今城塚《いましろづか》古墳と考えられています。今城塚古墳は墳長約一八〇メートルの前方後円墳で、六世紀前半では日本列島最大の古墳です。

戦前・戦中の一九三五年（昭和一〇）から一九四四年（昭和一九）に設置された臨時陵墓調査委員会では、今城塚古墳を「陵墓参考地に編入すべし」との答申があったものの、宮内庁は認めませんでした。こうして今城塚古墳が宮内庁管轄ではなくなったため、地元自治体の高槻市による発掘調査が可能になりました。その結果、墳丘本体ではなく、墳丘をかこむ中堤の張り出し状ステージから、人物埴輪を中心とする形象埴輪樹立区画が発見されました（口絵9）。

ここには墳丘規模にみあう全国一の約一九〇体の形象埴輪群が確認されました。人物埴輪二〇体以上（そのうち冠帽男子一、座像男子四、武人四、鷹匠四、力士四、巫女一五）、動物埴輪（水鳥二一、

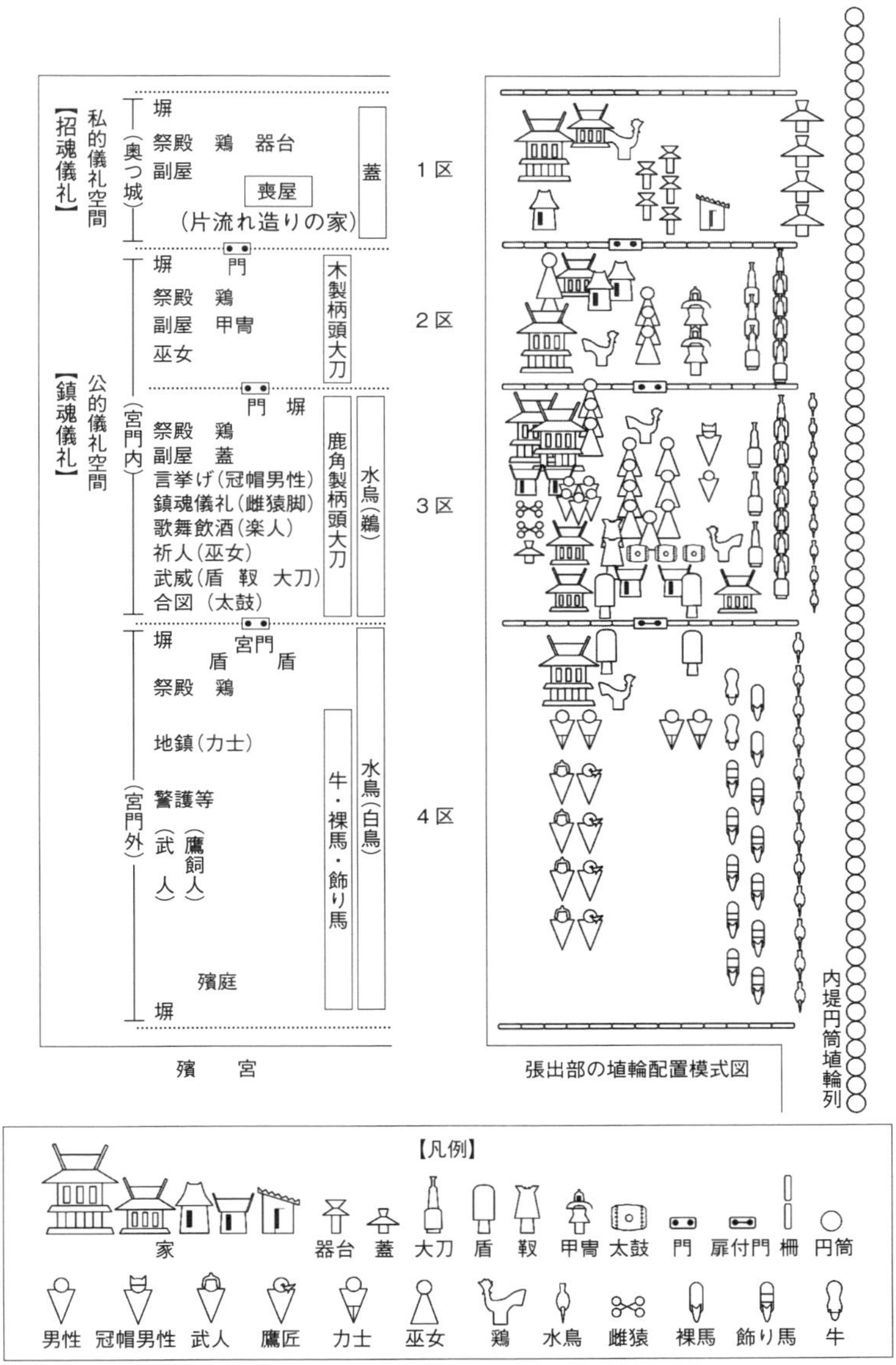

図31　今城塚古墳（大阪府高槻市）の埴輪群配置と殯宮での役割の概念図（森田克行氏による2024版を一部修正）
埴輪群配置の中心は3区で、大王以下の主要人物が配されている。各区の家形埴輪の前に鶏形埴輪がおかれているのは、再生を祈る復活儀礼を示す。埴輪列全体として遺体を本葬前にしばらく安置しておく殯の場をあらわし、かつ大王権継承の場もあらわしていると考えられる。

鶏五、馬一二、牛二、猿二)、器財埴輪(盾四、靫二、大刀一九、甲冑二、蓋五、太鼓三)、器台形埴輪五、家形埴輪関連(家一八、柵六二、門)が出土しています。

この埴輪列については今城塚古墳の発掘調査に携わった森田克行氏が詳細な検討をおこなっています(図31)。それによると埴輪列は五列の柵形埴輪によって四つに区分され、それぞれの区画で埴輪の構成が異なっています。

南東の1区は五本の器台形埴輪があることが特徴です。高床式の家形埴輪とそのほかの家形埴輪および鶏形埴輪、器台形埴輪、蓋形埴輪で構成されています。供え物をしている様子を表現している場と考えられます。

続く2区は八本の大刀形埴輪が列をなして立ち、1区同様、高床式の家形埴輪とそのほかの家形埴輪、巫女埴輪、甲冑形埴輪、鶏形埴輪からなります。威儀を正した場とみられます。

3区はステージ全体の中央にあたり、中心となる場所です(口絵9)。ここには2区から続く大刀形埴輪の列と、それに加えて水鳥形埴輪の列があります。注目されるのは人物埴輪の多さで、しかも冠帽男子や座像男子のような中心人物が置かれています。ほかに巫女埴輪が集中して配されています。さらに、千木《ちぎ》や多くの堅魚木《かつおぎ》をのせた大型の高床式で吹き抜け祭殿風の家形埴輪(図32)や、そのほかの主要な家形埴輪がおかれています。さらに権威の象徴である蓋形埴輪や鶏形埴輪なども加えられています。今城塚古墳の埴輪祭祀の根幹部分と考えられます。

最後に北西の4区ですが(図33)、3区につづく水鳥形埴輪の列と馬形埴輪の列があり、とくに馬形埴輪は目立つ存在です。ほかに牛形埴輪も加わっています。人物埴輪では、3区とは異なって支配者層ではなく力士の一群や武人、鷹匠などがいます。この区画は王権を支える各職掌と威信財の飾り馬などをみせつける場と推定されます。

図32　今城塚古墳の千木をもつ大型家形埴輪
列島最大の家形埴輪（高さ約170cm）で、大王にふさわしい。高床式吹き抜けの入母屋造祭殿風の建物で、棟木の上に堅魚木を9本のせ、棟木を支える棟持ち柱も表現されている。

図33　今城塚古墳の4区からみた復元埴輪列
武人・鷹匠・力士などの各職掌の人びとや馬・水鳥などによる、数の上でも他の古墳を圧倒する大王のデモンストレーション。ずらっとならぶ円筒埴輪列は堅固な結界を示している。鶏形埴輪の背後の千木をもつ吹き抜けの家形埴輪は喪屋であろうか。

このように今城塚古墳の中堤に設けられた埴輪群は、六世紀前半の大王墓における埴輪群の威容をあらわしています。そこからほかの古墳の埴輪群に目を転じると、3区の埴輪群が、六世紀前半の地方の中小規模の帆立貝式古墳、さきにみた群馬県の塚廻り4号墳の造り出し部の埴輪樹立区画にコンパクトに凝集されていることに気づきます。塚廻り4号墳に大王墓の埴輪祭祀の構成要素の一部が受容されたものと考えられます。したがって、塚廻り4号墳では欠落した埴輪、たとえば鷹匠、武人、力士などの人物埴輪が、大王墓と地方の中小首長墓の格差をあらわしているともいえます。

なお、時期は異なりますが、五世紀後半の群馬県高崎市の保渡田《ほどた》八幡塚《はちまんづか》古墳の中堤A区の埴輪配列案を、調査と保存整備に携わった若狭徹氏が提出しています(図34)。

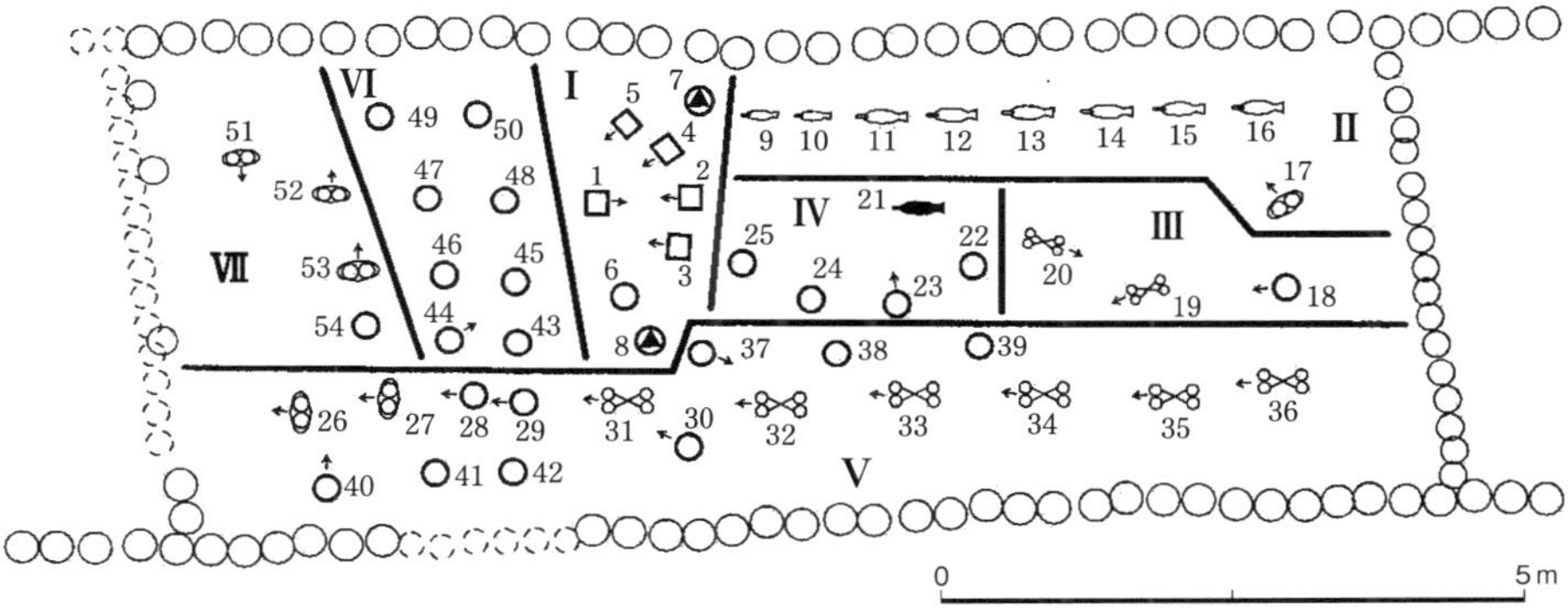

Ⅰ　椅座人物による飲食儀礼場面

1. 椅子に座り杯を捧げる女子
2. 椅子に座る男子（中心人物）
3. 椅子に座る男子 ┐いずれか
4. 椅子に座る人 │弾琴
5. 椅子に座る人 ┘
6. 人物（奉仕する女子半身像か）
7. 器台に乗った壺
8. 柄杓入りの大壺

Ⅱ　鳥の列

9・10. 鶏
11〜16. 水鳥（前3体は大型か？）
17. 男子双脚立像（鷹を使う男か）

Ⅲ　猪狩の場面か

18. 猪形を腰に付ける狩人
19. 猪か
20. 犬か

Ⅳ　鵜飼の場面か

21. 魚をくわえる飼われた鵜
22. 小型人物半身基部
23. 大型人物半身基部
24. 人物基部
25. 人物基部

Ⅴ　人物・器財・馬の列

26. 盛装男子双脚立像
27. 武装男子双脚立像
28. 甲冑形埴輪
29. 甲冑形埴輪
30. 馬曳男子
31〜33. 飾り馬（大型）
34. 35. 馬（小型）か？
36. 馬または鹿
37. 人物基部
38. 小型人物半身基部
39. 人物基部
40〜42. 人物基部

Ⅵ　半身像による立姿の儀礼場面

43. 人物基部
44. 倭風大刀を帯びる男子
45. 人物基部（掛衣の女子か？）
46. 人物基部
47. 人物基部？
48. 大型人物半身基部
49. 壺を捧げる女子か
50. 小型人物基部

Ⅶ　双脚像を主体とする場面

51. 男子双脚立像（武人か）
52. 男子双脚立像（力士）
53. 男子双脚立像（武人か）
54. 人物基部

図34　保渡田八幡塚古墳（群馬県高崎市）の埴輪列（若狭徹氏による）
Ⅰ区は中心的な場面で、椅子に座る男性埴輪群のなかに首長が最低2人はいると考えられる。それは新旧の首長で、埴輪群全体が首長権継承の儀式をあらわしている。鷹匠なども首長の姿とする説もあるが、今城塚古墳の例などを参考にすれば、首長に仕える人物であろう。

それによると、保渡田八幡塚古墳のシーンⅠ「椅座人物による飲食儀礼場面」は対座しておこなう儀礼の場面で、図31の今城塚古墳の埴輪群では3区にみられます。また、シーンⅦ「双脚像を主体とする場面」には武人埴輪と力士埴輪があり、今城塚古墳の4区と共通性があります。この場合、武人と力士の関係ですが、武人は武力、力士は呪力を象徴しているものとしています。さらにシーンⅡ「鳥の列」は鶏や水鳥が登場するわけですが、それは死者の霊魂の再生や運搬をつかさどるものと考えられたのでしょうか。シーンⅢ「猪狩の場面」・シーンⅣ「鵜飼の場面」は王の遊び、遊猟を物語るとも考えられます。シーンⅤ「人物・器財・馬の列」は財物を誇示する列で、先頭の文人と武人の立像は平時・戦時を象徴的に示すものとみられます。

若狭氏はまた、六世紀後半の同じく高崎市の綿貫観音山《わたぬきかんのんやま》古墳の後円部墳丘中段のテラスにあった人物埴輪群（口絵8）も、保渡田八幡塚古墳のシーンⅠと同じ内容を受け継いでいるとしています。埴輪群の意味に切り込んだ鋭い研究です。

このように畿内の大王墓と地方首長墓との埴輪配列に相関があり、地方首長墓の埴輪配列は畿内の大王墓の埴輪配列をモデルにならっている部分があることが明らかになりました。しかし、その格差は厳然としたものがあり、種類や規模、数量などの点で差異があることも判明しました。

大きな古墳に大きな埴輪、小さな古墳に小さな埴輪

古墳時代研究者の増田逸朗氏は、埼玉《さきたま》古墳群を構成する大型前方後円墳とそのあいだに点在する小型円墳とで、出土する円筒埴輪の大きさにちがいがあることを指摘しました。当たり前のことのようですが、大きな古墳に大きな埴輪、小さな古墳に小さな埴輪が採用されているのです。

大型前方後円墳には高さ六〇センチを超えるような多条突帯《とったい》の円筒埴輪が、小型円墳には高さ三〇センチ前後で突帯が二条のものが多く認められます。これは身分相応な格差を表現していると考えられます。

このような事実は畿内の古墳にもうかがわれ、大王墓には一メートルを優に超えるような多条突帯の円筒埴輪が確認できます。なかには奈良県桜井市のメスリ山古墳（墳長二二四メートルの前方後円墳）のように高さ二メートル以上の巨大なものまで存在します（口絵4）。しかも、びっしりと立てならべていたと考えられています（図35）。

メスリ山古墳の場合、そんな巨大な埴輪をどこで焼いてどのようにして運搬したのか、誰しもが疑問に思われることでしょう。埴輪の完成までには、成形から乾燥、そして焼成という工程をへなくてはなりません。成形や乾燥のためには風雨や日差しから避けるための上屋が必要です。メスリ山古墳は古墳時代

図35　メスリ山古墳（奈良県桜井市）の埴輪配列想定図
巨大埴輪の威容は埴輪製作者はもとより、古墳を見上げた一般民衆の心にも深く刻まれたであろう。

前期段階の古墳ですので、焼成は窯を築かず野焼きしたと考えられ、焼きむらの黒斑がついています。
問題は素焼きのもろく重い埴輪をどうやって後円部墳頂まで移動させたのかという点です。奈良県立橿原考古学研究所などでは再現実験をしていますが、他所でつくって斜面を運ぶには多くのリスクがあることが確認されました。もっとも容易な方法は、墳頂部に上屋をかけて成形・乾燥し、上屋をはずしてその場で焼成することです。移動は最小限にとどめるのが得策です。後円部の調査時に、そのことを裏づける焼土や炭の層が確認できたか否か知りたいところです。

なお、東日本最大の墳長二一〇メートルの前方後円墳、群馬県太田市の太田天神山《おおたてんじんやま》古墳には三条突帯の円筒埴輪が確認されています。ただし三段築成の円筒列をすべて大型の円筒埴輪ではまかなえず、小型の円筒埴輪もまじえたと考えられます。一方、同古墳の東方至近に位置する大型の帆立貝式古墳、女体山《にょたいさん》古墳に隣接する目塚《めづか》1号墳は、小型円墳ですが、大型多条突帯の円筒埴輪が出土しています。これは埴輪棺として転用したものか、太田天神山古墳あるいは女体山古墳との密接な関連性のもとで用いられたものとみられます。

小さな古墳から大量の埴輪

群馬県高崎市の神保下条《じんぼしもじょう》2号墳は直径一〇・五メートルの小円墳ですが、この古墳からは小古墳にしては異例の大量の埴輪が出土しました。

以前学会の研究発表会で、前方後円墳を頂点とし、帆立貝式古墳・円墳・方墳の順で樹立される埴輪の種類と数量が少なくなってくることを指摘しました。そのとき神保下条2号墳が例外的に小円墳でありながら大量の埴輪をもつことをどのように説明すべきか悩みました。

図36　神保下條2号墳（群馬県高崎市）の埴輪配列復元模型
小古墳でありながら大量の埴輪を樹立する。被葬者は埴輪工人集団の長だったのだろうか。

この古墳は二段築成の円墳で、復元では基壇部に円筒埴輪六本ごとに朝顔形埴輪一本を含む七本セットの円筒埴輪列をめぐらし、その内側に横穴式石室開口部脇から男女が交互にならぶ人物埴輪六体、馬形埴輪一体、人物埴輪一体、馬形埴輪一体、人物埴輪一体、馬形埴輪一体というようにならびます（図36）。このうち馬形埴輪三体と人物埴輪は「馬飼いと馬」というセットになります。すると、その前の人物埴輪六体は被葬者に近い人物の儀礼場面が形式化したものとみられます。

一方、墳頂部は中心に家形埴輪をおき、それをとりまくように大刀・盾・靫・鞆《とも》という武器・武具の器財埴輪が五セットくり返されます。さらに、その外側の周縁に円筒埴輪六本ごとに朝顔形埴輪一本を含む五セットが配置されます。

よって、墳頂部だけでも二一体、基壇部に一一体の総計三二体の形象埴輪がおかれていることになります。円筒埴輪は六〇本、朝顔形埴輪は一三本使われていました。小規模円墳には破格の埴輪のにぎわいです。

しかし、よくみると、器財埴輪のなかに蓋や弓、冠帽などの身分の高い人を示すものがありません。蓋の有無は時期差ととらえるか身分差ととらえるか興味深いところですが、いずれにせよ、その背景には被葬者が埴輪製作と近いところにいた人物であるという可能性を考えてみたいと思います。この埴輪列は小古墳のスタンダードではないでしょう。

埴輪のある古墳とない古墳

古墳というと、すべての古墳に埴輪があると思われるかもしれませんが、そうではありません。現在、群馬県域で一万三二四九基ほどの古墳が知られていますが、そのうち約一割の一三〇〇基前後にしか埴輪は確認されていません。隣の新潟県域では六五〇基ほどの古墳が数え上げられていますが、現在のところ円筒埴輪の確認されている古墳は一基のみ、壺形埴輪の確認されているのも一基のみということで、人物埴輪の出土例はありません。

これはいったいどういうことなのでしょうか。古墳を構成する一要素（属性）に埴輪がありますが、それは必須の要素ではないことがうかがえます。逆にいうと、埴輪のある古墳は中央のヤマト政権の大王との政治的な関係がより緊密であることが想定されます。

けれども、畿内の古墳でも奈良県桜井市の桜井茶臼山古墳《さくらいちゃうすやま》では、壺形埴輪（図12参照）のみで円筒埴輪はありません。墳長が二〇〇メートル以上もあり、銅鏡が全国最多の一〇三面も出土しているにもかかわらず、円筒埴輪を欠くのは、大王墓の要件を満たしていないと考えられます。

埴輪祭祀の復活？

埴輪祭祀の「復活」が大正時代初めに起きたことを知りました。きっかけは一枚の絵葉書です。

『桃山御陵参拝紀念絵葉書』のなかに「御陵鎮護神埴輪」なる写真がありました（図37）。鎧《よろい》兜《かぶと》で身をつつみ、槍をにぎって台座の上に立っています。桃山陵は京都市伏見区にある明治天皇の陵墓です。

奈良県天理市の天理大学附属天理参考館には、大正時代の作とされる高さ九〇センチの「土人形　武装した人」が収蔵されています（図38）。明治天皇崩御時の記録によると、「山陵には古儀を折衷し

絵葉書を入れる袋

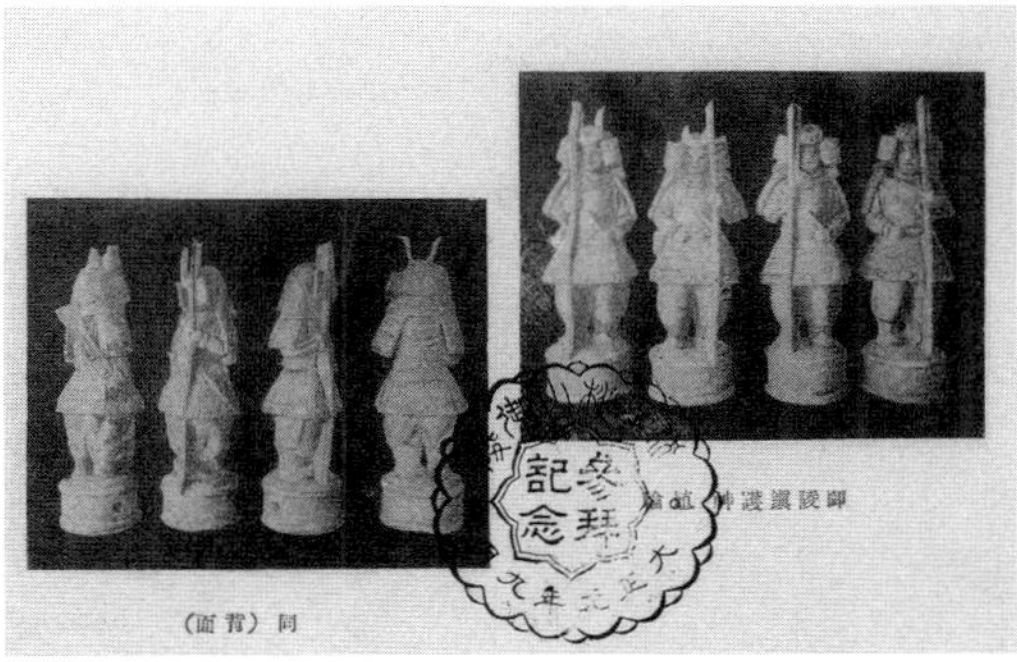

図37 『桃山御陵参拝紀念絵葉書』
明治天皇の桃山御陵（京都市）を参拝する人の土産として、「鎮護神埴輪」の土製人形もつくられた。

図38　埴製武装人形（吉田白嶺氏制作）
吉田氏は第14回院展（1958年）に「土部臣（はじのおみ）」という、土師連（はじのむらじ）を想起させる作品も出品している。

て御鎮護の御趣旨を以て埴製武装人形四躯を四方に埋葬し給うこととなり……」とあります。その埴製武装人形は彫刻家の吉田白嶺氏が制作したとされ、「総高三尺、矛を執れるもの、弓を持てるもの各一隻、すべて中世武将の扮装」の埴製武装人形が明治天皇陵の「御槨に近く四隅に埋められた」とあります。この埴製武装人形が『桃山御陵参拝紀念絵葉書』にのせられた土製人形「鎮護神埴輪」の元になった「埴輪」でしょう。

この埴製武装人形は型作りで、その製作にあたっては東京帝室博物館（現・東京国立博物館）の歴史部に監修が依頼されました。現在、東京国立博物館には吉田白嶺氏作とされる「武人埴輪模型」が所蔵されています。制作には実物の武人埴輪をモデルにしたとされますが、それとは似ても似つかないものとなっています。

さて、ここで注目したいのが、埴製武装人形が「四隅」に「埋められた」という点です。具体的に

「四隅」がどこかということですが、「御槨に近い四隅」とは「御宝壙」（石室）の四隅と考えられます。また、「埋められた」というのは、埴輪が今日的な常識では古墳の上に樹立されたものである点からするとおかしなことですが、『日本書紀』垂仁《すいにん》天皇三十二年秋七月条にみえる殉死を想起させるものとなっています。武装した人形と「鎮護神埴輪」というネーミングから、聖域を守る結界の位置に埋納されたものとみることができます。

ちなみに当時、このような絵葉書や小型の模造品が販売されたとのことですが、天理参考館に残るものと絵葉書になっているものとをくらべると細部にちがいが認められます。この種のものが土産として多くつくられたことが想定されます。

伏見桃山陵は、上円下方墳という墳形自体が古式に範をとったとされ、天智天皇陵（京都市、御廟野古墳）がそのモデルといわれています。しかし現在、天智天皇陵は八角形墳であることが判明しています。ちなみに、終末期古墳の天智天皇陵に埴輪はありません。

その後一九一四年（大正三）に、昭憲皇太后の墓である伏見桃山東陵に埋められたとされる埴製の「古武士の正装に擬したるもの」もあり、それが最後の「埴輪」となりました。

本例は、本来、王位継承の儀礼などを再現したなかに登場した武人埴輪の位置づけが変容して、盾持ち人埴輪のように死者・墓を護るというかたちで近代になって復活した事例といえましょう。

第4章

器財埴輪と動物埴輪

楕円円筒埴輪と鰭付き円筒埴輪

第2章で埴輪は円筒《えんとう》埴輪からはじまったと述べましたが、円筒埴輪のなかには楕円円筒埴輪と鰭《ひれ》付き円筒埴輪とよばれるイレギュラーなものが存在します。時期は古墳時代前期から中期初頭にかけて認められ、基本的には大型の前方後円墳に採用されています。

楕円円筒埴輪は一般的な円筒埴輪の正円形とは異なり断面が楕円形となります（図39）。一方、鰭付き円筒埴輪は円筒埴輪の横方向の両脇に鰭状のものがつくタイプで（図40）、一見盾状をしていますが、ならんでいる姿は大勢が手をつなぎ〝通せんぼ〟をしているようです。これらは円筒埴輪と同様に密接に立てならべ、外からの侵入者を防ぐ結界としての役割をはたしていたと考えられます（図41）。円筒埴輪の本数を減らすための工夫として採用されたのでしょう。

鰭付き円筒埴輪は畿内の東殿塚《ひがしとのづか》古墳（奈良県天理市）や佐紀盾列《さきたたなみ》古墳群（奈良市）の王墓でまず採用され、地方の有力大型前方後円墳、たとえば群馬県高崎市の浅間山《せんげんやま》古墳などにも導入されています。このことから両者には緊密な政治的関係がうかがわれます。

底抜け壺の語ること

壺形埴輪（口絵5）を語るとき、弥生時代の壺形土器とのちがいはなにか、ということを意識せざ

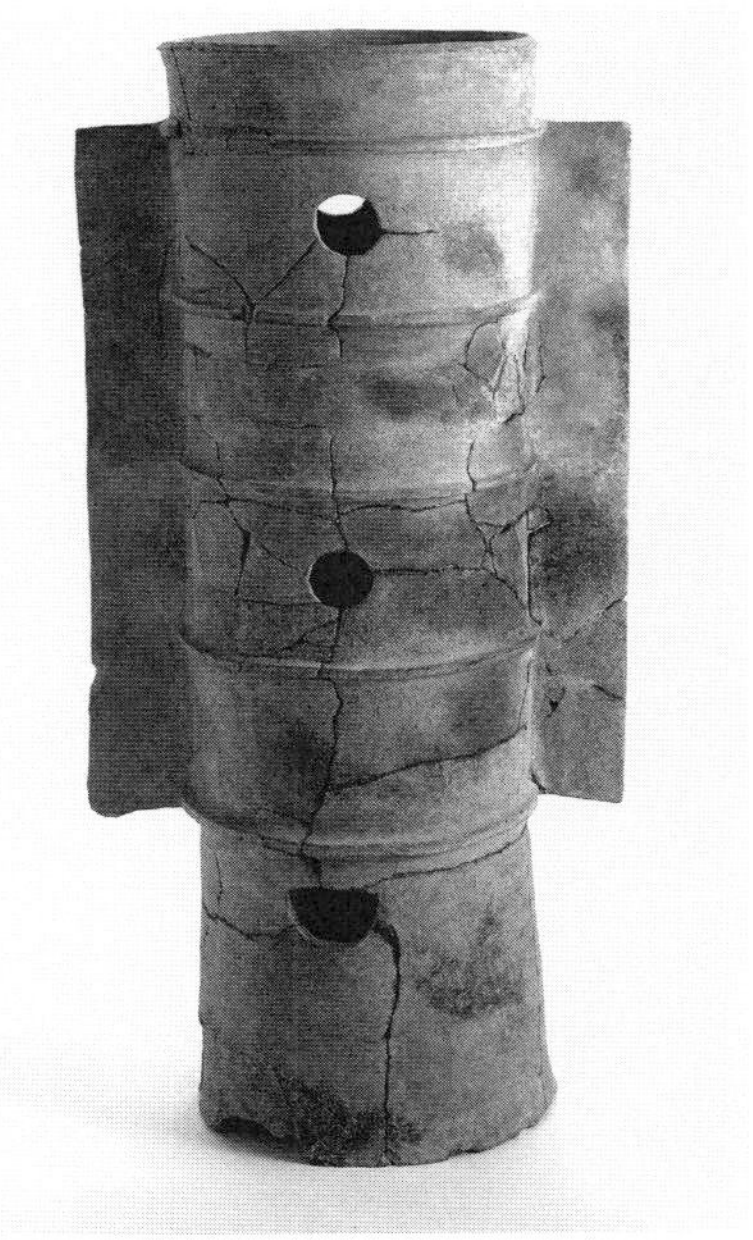

図40　五色塚古墳（兵庫県神戸市）の鰭付き円筒埴輪

図39　東殿塚古墳（奈良県天理市）の鰭付き楕円筒埴輪
楕円であり鰭付きでもある円筒埴輪。鰭部の透かし孔は軽量化を図ったものとみられる。

図41　復元された五色塚古墳の埴輪列

るをえません。

弥生時代の方形周溝墓《ほうけいしゅうこうぼ》のなかには、焼成後に底を打ち欠いて孔をあけた壺が出土することが知られています。そして時代が新しくなるにしたがって、あらかじめ底部に孔をあけて焼成した壺があらわれます。この種の壺を総称して「焼成前底部穿孔壺形土器」とよんでいます。一方、古墳からも同様に焼く前から底部を抜いた壺が出土することがあり、それを「壺形埴輪」と称しています。

古墳時代以降は便宜的に「埴輪」と呼称するという考え方もありますが、古墳時代のものは同一形態・同一規格でつくられ、同種・多量に使用されるところに特徴があります。これを埴輪的な要素（属性）とすることもできます。

それでは、壺形埴輪の本質、つまり機能・用途・性格はなにかということになります。それは本来の容器としての機能を失わせて、円筒埴輪と同様、墳丘にめぐらせ、埋葬施設をかこんで聖域を守護する結界としての役割を担っていたと考えられます。

円筒埴輪のルーツとなった吉備の特殊器台《きだい》は、上に焼成前底部穿孔の吉備型特殊壺をのせていました。それは神前に供物を捧げる行為から出発し、それが儀礼化して底を抜く行為につながっていったようです。さらに、底部ではなく胴部に透かし孔状の穿孔をほどこした壺もあります。新潟県南魚沼

図42　飯綱山10号墳（新潟県南魚沼市）の壺形埴輪

市の飯綱山《いいづなやま》10号墳の壺は底部を抜かず、胴部に長めの楕円形の透かし孔を表裏の対向位置にあけています（図42）。それを、埋葬施設をとりかこむように墳頂外縁部に等間隔にならべています。

奈良時代の『播磨国風土記』には、「昔、丹波と播磨と国を堺ひし時に、大甕《おおみか》をこの坂に掘り埋め、国の境と為しき」という記事があります。これは古く土器が結界としての役割を果たしていたことを示唆するものとして注目されます。

家形埴輪と豪族居館

古墳から出土する家形埴輪はなにを表現しているのでしょうか。まず、家形埴輪のおかれた位置から検討することにしましょう。

古墳時代の全時期をとおして、家形埴輪の位置が決まっているかというと、どうもそうではなさそうですが、一般的には埋葬施設の直上にあたる墳頂部に配置されました。古墳のかたちにもよりますが、円墳や方墳ならばその中心、前方後円墳ならば後円部の中心に配置されます。埋葬施設の上におかれた家形埴輪は、亡き被葬者の霊が宿る依り代と考えることもできます。

ところが、前方後円墳の場合、後円部の墳頂以外に、前方部の墳頂や前方部と後円部がつながるくびれ部にある造《つく》り出《だ》しに、あるいは墳丘外の内堤や外堤におかれることもありました。帆立貝式古墳の場合は円丘部の中心に配され、造り出しにはほかの埴輪が設置されたようです。

家形埴輪にはいろいろなかたちのものがあります。群馬県伊勢崎市にある赤堀茶臼山古墳は帆立貝式古墳ですが、その円丘部の頂上に堅魚木《かつおぎ》をのせた主屋（口絵27）を中心に、高床式倉庫とみられる窓のない建物、小型の寄棟式の祖霊を祀る霊屋《たまや》もしくは納屋とみられる建物など複数の家形埴輪があ

切妻造家（主屋）

切妻造家

切妻造倉庫

切妻造倉庫

寄棟造倉庫

切妻造霊屋（納屋？）

図43　赤堀茶臼山古墳（群馬県伊勢崎市）の家形埴輪群を構成する埴輪

りました（図43）。これらは豪族居館を構成する建物とみることもできます。

家形埴輪のなかには屋根も床もない、入り口が一カ所あるだけの柵でかこんだような構造物をかたどったものがあります。囲形埴輪といいます（口絵28）。上をとがらせた柵木を立てならべ、横方向には柵木を緊縛した綱を表現したような突帯《とったい》がついています。これは当初、特別な建物をとりかこむ柵囲を表現したもの、あるいは豪族居館の囲郭施設である柵列を象徴的に表現したものと考えました。

ところがその後、似たような囲形埴輪が各地でみつかり、三重県松阪市の宝塚《たからづか》1号墳の囲形埴輪（図44）のように、かこいのなかには外から水を引き入れる木樋《もくひ》や木槽《もくそう》のようなものが入っていたり、

図44　宝塚1号墳（三重県松阪市）の囲形埴輪
上：屋根をかけた状態。下：屋根をはずすと導水施設があり、水にかかわる祭祀の場をあらわした埴輪であることがわかる。

図45　南郷大東遺跡（奈良県御所市）の導水施設跡
右手の石組が水路で、手前の木材が導水施設の跡。

図46　三ツ寺Ｉ遺跡（群馬県高崎市）の豪族居館の復元模型と導水遺構
手前の濠に水道橋がかかり、木樋が居館内の石敷遺構（右写真）に通じている。六角形の石敷に長方形の掘り込みがあり木槽がセットされ、貫通する溝のなかには木樋があったようだ。

井戸が入っていたりすることがわかりました。禊《みそぎ》などの水にかかわる儀礼の場の遮蔽施設と考えられるようになりました。

そこで想起されるのが、奈良県御所《ごせ》市の南郷大東《なんごうおおひがし》遺跡の谷あいに設置された導水施設です(図45)。そこからはこの埴輪のモデルになったような木樋や木槽などが出土しました。群馬県高崎市の三ツ寺《みでら》I遺跡の豪族居館内の導水施設も注目されます(図46)。そうすると、造り出しの囲形埴輪は南郷大東遺跡のような独立した祭場に、後円部墳頂のものは豪族居館内の祭祀の場に相当するものとも考えられます。

堅魚木をあげた家形埴輪

家形埴輪のなかには、屋根のてっぺんの棟木《むなぎ》の上に堅魚木をのせたものがあります。先にみた赤堀茶臼山古墳の家形埴輪群は被葬者の生前の活動拠点、豪族居館をあらわしたものとも考えられていますが、そのうち最大の家形埴輪にだけ堅魚木がのっています。堅魚木とはいったい何なのでしょうか。『古事記』雄略天皇の段に、国見《くにみ》をした雄略天皇が河内志幾大縣主《かわちのしきのおおあがたぬし》の屋敷の屋根に堅魚木がのっているのをみとがめて、天皇の宮殿に似せたとして焼き払わせようとしましたが、縣主が白い犬を献上したことによって許したという説話があります。現在、神社建築のなかに堅魚木のある社殿がみられますが、平安時代の『延喜式』には神社の社格によって大社なら八本、中社なら六本、小社なら四本と堅魚木の数を規定しています。それらから堅魚木が権威の表象であったことがうかがえます。

さかのぼって古墳時代の家形埴輪をながめると、六世紀前半の継体大王の真陵と目される大阪府高槻市の今城塚《いましろづか》古墳には、堅魚木を九本のせた列島最大の高さ約一七〇センチの家形埴輪があります

図47　富士山古墳（栃木県壬生町）の家形埴輪
今城塚古墳の大型家形埴輪につぐ列島最大級の家形埴輪。入母屋造の吹き抜け祭殿風の建物で、今日の神社建築にみられる千木が認められる。

（図32参照）。二間×三間の高床式で、屋根の破風《はふ》には大きな千木《ちぎ》が表現され、吹き抜けの祭殿の威容を誇示しています。

一方、地方でも、前方後円墳ではないものの、六世紀後半の直径八五メートルの大型円墳、栃木県壬生《みぶ》町の富士山《ふじやま》古墳では、列島最大級の高さ一五九センチの家形埴輪に一三本の堅魚木がのっています（図47）。こちらも二間×三間の高床式で、吹き抜け構造になっています。屋根には辟邪《へきじゃ》の連続三角文を赤と黒の顔料で四段に塗り分けています。

このように数に厳密な意味での規定はなさそうですが、やはり堅魚木はステイタスシンボルとして機能していたと考えられます。

犬と猪と狩人

埴輪がセットでとらえられる例に狩猟場面があげられます。「犬・猪」あるいは「鹿・狩人」という組み合わせで、獲物の猪あるいは鹿を追いつめる巻狩りの猟犬と狩人が表現されています。

六世紀初頭の剛志天神山《ごうしてんじんやま》古墳（群馬県伊勢崎市）で猪と犬の埴輪セットがはじめて確認されました（図48）。鼻が平たく、尻尾が短くピッと立っているのが猪で、口を大きくあけ涎《よだれ》を垂らし吠えたてているかのようなのが犬です。猟犬でしょう。

その後、六世紀中ごろの昼神車塚《ひるがみくるまづか》古墳（大阪府高槻市）で同様な組み合わせが認められ（口絵22）、猪と犬のとり合わせが広域に共通する埴輪のテーマの一つとして認識されるようになりました。

また、六世紀初頭の保渡田《ほどた》Ⅶ遺跡（群馬県高崎市）は、隣接する井出二子山《いでふたごやま》古墳に関連する遺跡と考えられていますが、腰におとりの猪形（ウリボウ）をぶら下げた狩人埴輪（図49）が出土していま

図49　保渡田Ⅶ遺跡（群馬県高崎市）の狩人埴輪
上：腰におとりの猪形（ウリボウ）の鼻先がみえる。下：人物の背面につく猪形。

図48　剛志天神山古墳（群馬県伊勢崎市）の猪（上）と犬（下）
犬は首の鈴から飼い犬とわかる。猟犬であろう。

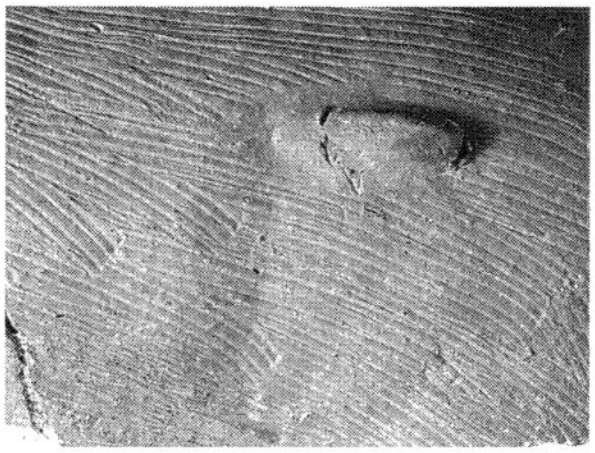

図50　保渡田VII遺跡の猪形埴輪
腰のあたりの突起が矢の表現で、刺さって血のしたたる様子が赤色塗彩で表現されている。

図51　茨城県つくば市下横場字塚原出土の鹿形埴輪
背に矢が刺さり痛々しい表情をしている。

図52　人物埴輪（茨城県出土）の腰につけられた仰向けの猪形（ウリボウ）
人物の上半身は失われている。

す。これは口絵8でみた、近隣の保渡田《ほとだ》八幡塚《はちまんづか》古墳の埴輪配列の復元に役立ちました。保渡田Ⅶ遺跡では猪と犬の埴輪セットがみつかっていて、猪形埴輪には矢が刺さって血のしたたる様子が赤色塗彩でリアルに表現されています（図50）。

これと似たような例として鹿形埴輪にも同種の表現が認められます。茨城県つくば市の下横場《しもよこば》字塚原出土の鹿形埴輪は前後の脚を左右一体につくるめずらしい二本脚の鹿です。背中には矢が突き刺さり、痛々しい顔を左に傾けています（図51）。

ちなみに狩人埴輪は、狩人埴輪本体から剝落した痕のある小型の猪形の部材（群馬県伊勢崎市の相川考古館所蔵）や、上半身は失われているものの腰に猪形の付属する茨城県出土の人物埴輪（図52）など、関東に五例と集中する傾向がうかがわれます。

さて、『日本書紀』雄略天皇条には天皇みずから狩りをするシーンが記されていることから、ここまでみてきた狩人埴輪は王の姿をあらわしたものだとする意見もありますが、とくだん着飾っていませんし、半身像で表現されていることから、王自身の狩猟とするのは躊躇されます。なお、剛志天神山古墳の犬形埴輪は鈴のついた首輪をはめています。口絵16の鷹匠埴輪の鷹も鈴つきです。これらの共通性が注目されます。

埴輪の馬はなにを物語る

古墳時代の人びとにとって馬とはいったいどのような存在だったのでしょうか。

馬は高速・長距離移動や荷物を運搬する手段以外に戦闘にも利用されました。モータリゼーションの発達した現在のわたしたちには想像できない画期的な存在だったに相違ありません。現在の自動車

図53　塚廻り４号墳（群馬県太田市）の馬形埴輪と馬飼い埴輪
儀礼用に飾り立てた飾り馬である。馬飼いの帽子は欠けている。

図54　今城塚古墳（大阪府高槻市）の馬形埴輪列の復元

以上のものだったのではないでしょうか。

中国大陸、朝鮮半島から日本列島にもたらされた初期には、馬は威信財としての性格が強かったと考えられます。古墳に立てならべられた馬形埴輪で一番多いのは飾り馬です（図53）。轡《くつわ》を固定するために馬の頭にかける面繋《おもがい》にｆ字形鏡板をつけ、鞍を固定するための胸繋《むながい》に馬鐸《ばたく》や馬鈴《ばれい》を吊り下げ、尻繋《しりがい》を鈴つきの雲珠《うず》や杏葉《ぎょうよう》で飾った姿をしています。儀礼用に飾り立てた飾り馬こそが財力を示すものだったといえるでしょう。

今城塚古墳には馬形埴輪が一二体もあり、それらが連なっている姿は壮観です（図54）。六世紀後半の地方の有力前方後円墳のうち群馬県太田市にある二ツ山《ふたやま》1号墳にも一一体あります。それにひきかえ小型の円墳では一、二体、中小規模の帆立貝式古墳である塚廻《つかまわ》り1・4号墳の場合は二体です。

鶏形埴輪の性格

東北地方南部、福島県会津若松市にある前方後円墳、堂ヶ作山《どうがさくやま》古墳の発掘調査にかかわった折、前方部と後円部の連接するくびれ部近くから、おかしな土製品のかけらが出土しました。

断面が直径五センチほどの円形で、なかが詰まっていて、そこに直径八ミリほどの穴が片面から入り、途中で止まって突き抜けないようになっていました。外面は赤く塗ってあります。また、鳥の尾羽のような表現の破片も近くからみつかりました。これも外面は赤く塗られていました。これらは同一個体の可能性があり、その類例を探していくと、日本海側の鶏形土製品に行き着きました。

丹後地方の前期古墳の蛭子山《えびすやま》古墳（京都府与謝野町）などからは、胴体が詰まっていて、下から穴をあけた鶏形土製品がみつかっています。同じく日本海側の北陸、石川県加賀市の吸坂丸山《すいさかまるやま》2号墳という方墳からも同様な鶏形土製品が出土していることを知りました（図55）。となると、会津の堂ヶ作山古墳（これも前期古墳です）のものは、日本海側の習俗が阿賀野川を遡上して伝わった可能性があります。

その後、太平洋側の群馬県前橋市の公田東遺跡《くでんひがし》（古墳時代前期）の2号方形周溝墓から似たような赤色塗彩された鶏形土製品が発見されていることを知りました（図56）。こちらは穴が腹側から背中側に突き抜けていて、その点にちがいが認められます。

一方、同じく群馬県渋川市の浅田3号墳（古墳時代中期）からは、背中に突起の認められる鶏形埴輪が出土しています（図57）。背中の突起を串刺しと考え、鶏形埴輪を供犠とする犠牲説が唱えられています。

それでは、なぜ鶏なのでしょうか。

そこで想い起こされることに、記紀神話に登場する天照大神の磐戸隠れの段があります。すなわち、日の神の象徴である天照が横穴式石室を彷彿させる天石窟《あめのいわや》に隠れて、死を連想させる闇夜が訪れます。そこで、人びとは磐戸の前でアメノウズメに踊

図55　吸坂丸山2号墳（石川県加賀市）の鶏形土製品
方墳の四辺の中央部から転落したように出土。腹部下には貫通しない穴があく。

らせて、その笑いで天照を誘い出そうとします。ほかに、長鳴き鳥（鶏）を鳴かせて生の世界である朝の到来を告げさせようともします。こうした天照の復活を願う儀礼に暗示されるように、死者（被葬者）の蘇生の儀礼として、鶏形土製品や鶏形埴輪が使用されたと考えられます。

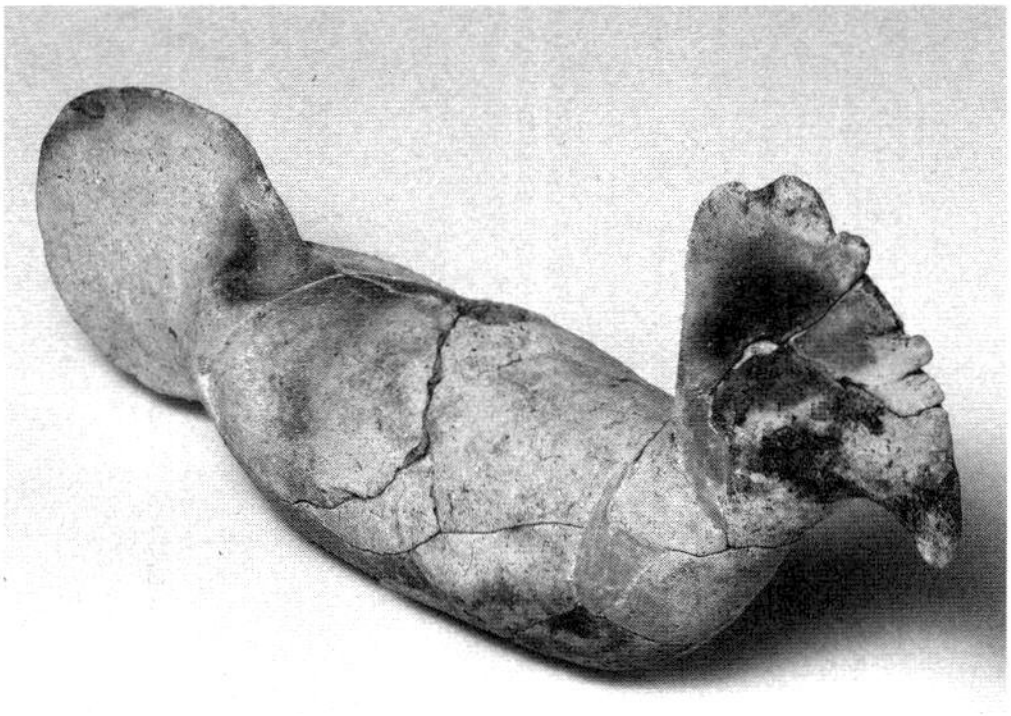

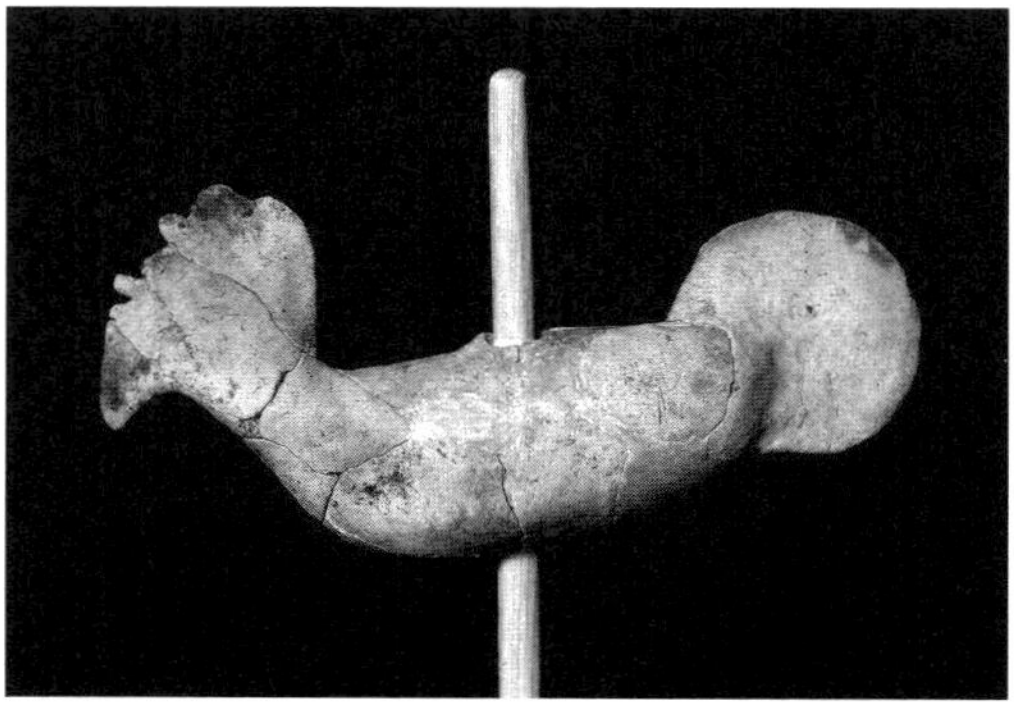

図56　公田東遺跡（群馬県前橋市）2号方形周溝墓の鶏形土製品
赤色塗彩され、胴体を腹から背に孔が突き抜けている（下）。

魚形埴輪の魚はなに？

動物埴輪のうち、魚を表現した埴輪の出土は七遺跡九点と意外と多くはありません。現状で魚形埴輪の分布は千葉県北部の内水域にかぎられています。なかでも千葉県芝山町の

図57　浅田３号墳（群馬県渋川市）の鶏形埴輪
背中に突起が認められ、犠牲説が唱えられている。

白桝《しらます》遺跡からの出土例はよく知られています（図58）。魚形埴輪の魚種は形態的特徴や出土地から、サケをはじめコイ・ウグイ・ボラなどとする説があるものの、定かではありません。

一方で、群馬県高崎市保渡田八幡塚古墳出土の鵜のくわえる小魚の存在が注目されます（図59）。こちらは岐阜県長良川の鵜飼いに代表されるように、アユ漁が想定されます。群馬県には「鮎川」があり、アユは県の魚にもなっています。なお、六世紀前半の大阪府高槻市今城塚古墳から出土した家形埴輪のなかには、軒先に鵜飼いの様子を線刻したものが知られています。

アユは漢字で書くと「鮎」となりますが、漢字の「鮎」は中

図59　保渡田八幡塚古墳（群馬県高崎市）の鳥形埴輪
鳥は鵜で、くわえる小魚はアユと考えられる。

図58　白桝遺跡（千葉県芝山町）の魚形埴輪
泳いでいる姿か、献じられた姿か。供せられた魚形土製品も前方後円墳の造り出しにみられる。

国語ではナマズのことを指すようです。しかし、国字の「鮎」も「魚」偏に「占」と書きます。実は古代日本では鮎の漁労によって占いをしていたふしがあるのです。

『日本書紀』神功皇后《じんぐうこうごう》の条にアユ占いの伝承があります。神功皇后の新羅遠征の際、アユの釣果《ちょうか》によって遠征の成功・失敗を占ったというのです。また、神武天皇即位前記に鵜飼いの祖の一人とされる苞苴担之子《にえもつのこ》が国家平定の重要な鍵を握ったという伝承も興味深いものがあります。

藤原京・平城京の木簡や平安時代の延喜式などには、諸国の特産物としてアユを意味する「年魚」が登場します。長良川の鵜飼いで獲れたアユも天皇家に献上されます。また、いまでも天皇の即位式にはアユが五匹描かれた万歳幡《ばんざいばん》という旗を立てる習慣が伝わっています。

「アユ」の語源は、神前に供える饗《あえ》とよんでいたのが、「あい」「あゆ」と音韻変化したともいわれています。現在の愛知県の「あいち」は『日本書紀』景行天皇五十一年秋八月条の「尾張国の年魚市《あゆち》郡《ごおり》」の「あゆち」に由来するという説もあります。

このように、古墳時代の琴占や各種狩りと同様に、豊凶を占い、即位式に贄《にえ》として献じられるアユに注目したいと思います。

第5章

人物埴輪をめぐって

全身像と半身像

人物埴輪は、立っている姿（立像）がもっとも多く、それに椅子に座っている姿（倚坐《いざ》）が続き、あぐらをかいた姿（胡坐《こざ》）やひざまずく姿（跪坐《きざ》）がまれにみられます（図60）。また、ごくまれに馬に乗っている姿（騎馬像、口絵13）などもあります。

また、倚坐・胡坐・跪坐は全身像ですが、立像には全身像と半身像があります。このうち全身像は身分の高い人物、王や王妃、巫女《みこ》（口絵17）、臣下のなかでも高位な人物を表現したものとされています。小さな円墳で、出土した埴輪全部が半身像だったということもあります。ただし、その性格からか、力士は全身像で足も表現されます（図60）。農夫、馬飼い、采女《うねめ》（侍女）などは半身像につくられます。武人の場合は全身像（口絵14）もあれば半身像もあります。

ひざまずく埴輪はどういう人？

数あるポーズのなかで、ひざまずく格好をしているのはどのような人なのでしょうか。茨城県鉾田市の不二内《ふにうち》古墳や千葉県横芝光町の姫塚《ひめづか》古墳から出土した男性埴輪は、両手を地につけて跪坐する姿勢をとっています。それは王に服属する臣下のようで、先代の王の治世を讃え、新王と先代の王との

立像／全身像(四ツ塚古墳／群馬県太田市)

胡坐（綿貫観音山古墳／群馬県高崎市）

立像／半身像（塚廻り4号墳）

倚坐（塚廻り3号墳／群馬県太田市）

跪坐（塚廻り4号墳／群馬県太田市）

力士像（酒巻14号墳／埼玉県行田市）

図60　人物埴輪のさまざまな姿

図61　跪坐する男性埴輪（塚廻り4号墳／群馬県太田市）
倚坐する貴人男性埴輪と対面する位置で出土した（下）。

関係を述べ、その権力継承の正統性を言上《ごんじょう》する様をあらわしたものと考えられます。

塚廻《つかまわ》り4号墳でも、椅子に座る新・旧首長の男性にむかってひざまずく男性埴輪が出土しました（図61）。手首に鈴つきの釧《くしろ》をはめ、髪は飾り下げ美豆良《みずら》にしていることから、臣下でも比較的高位者であることをうかがわせます。亡き首長の遺徳を顕彰し、新首長への忠誠を誓うという誄《しのびごと》の儀式を示したものとみられます。ちなみに、塚廻り4号墳ではもう一体、飾り帽をつけた貴人男性埴輪が存在します。

饗応する女性埴輪

人物埴輪は古墳時代の社会を知る貴重な手がかりを与えてくれます。たとえば人物埴輪群のなかからジェンダー、男女の役割の差を垣間みることができます。

女性埴輪には王妃、巫女、采女、泣き女、機織《はたおり》などがあります。ほかに女性首長と指摘される埴輪もまれにあります。一方、男性埴輪では首長、文人、武人、琴弾《ことひき》、鷹匠《たかじょう》、猪飼い（狩人）、鳥（鵜）飼い、力士などさまざまな職掌がみられます。

女性埴輪のなかには、酒坏を差し出すしぐさの女性、坏《つき》を捧げ持つ女性、酒か聖水を注ぐ女性がいます。それと対向する位置には男性首長と推定される高貴ないでたちの男性埴輪が配置されています。こうした埴輪の組み合わせは、女性が男性首長を饗応、もてなす様を表現していると考えられます（図62）。饗応、もてなす様が多いことについて、酒や神聖な水で首長霊を身につける儀礼がおこなわれていたと推定されます。

古墳被葬者の人骨の鑑定や副葬品の傾向から、女性被葬者の地位をさぐる研究が進められています。

図62　塚廻り３号墳（群馬県太田市）の巫女埴輪と男性貴人埴輪
巫女埴輪は首飾りに勾玉を多用し、腕飾りや足飾りもつけている。男性埴輪の首飾りに勾玉は少ない。

勾玉《まがたま》を多用した被葬者は女性で、しかも巫女の可能性が高いとか、鈴鏡《れいきょう》を副葬した被葬者は女性で、女性首長の存在することを前提とした考え方、視点です。首長はすべて男性とはかぎりません。そういった思い込みにとらわれず広い視野をもった研究が望まれます。

装身具からみた男女差・職掌差

いまから四五年前、大学院生だったときに、茨城県大洋村（現・鉾田市）の梶山《かじやま》古墳の発掘調査に参加したことがあります。

そこは当時畑で、古墳が埋まっているとは認知されていませんでした。土地所有者である農家の方が耕作中に鍬先が石にあたったことから発見にいたったそうです。後でわかったことには、それは石棺の蓋石で、蓋を開けたところ、刀が一〇本と瑪瑙《めのう》製勾玉、碧玉《へきぎょく》製管玉《くだたま》、水晶製切子玉《きりこだま》、ガラス小玉《こだま》などの玉類や金銅製耳環《じかん》などの装身具がみつかり、人骨も出土しました。

図63　耳玉をつけ、首元に玉類を多用している女性埴輪（綿貫観音山古墳／群馬県高崎市）
耳玉・手玉は女性埴輪だけがつけている。左の王妃と推定される埴輪の首飾りは大粒の丸玉で、右の采女と推定される埴輪の首飾りは丸玉・小玉である。

これはたいへん！ということで、盗掘を恐れて緊急避難的に発掘調査が実施されることになりました。被葬者の首元あたりに玉類の連なっている様子と、耳のあたりに耳環とガラス小玉が分布していることが確認できました。それをみて、この古墳の被葬者の性別が気になりました。残念ながら人骨は遺りがよくなく性別は特定されませんでしたが、装身具をとおして被葬者の性別が特定できないかという問題意識がわきました。

そこで、人物埴輪の男女や職掌のちがいによって装身具がちがうかどうか、各地の古墳の報告書を調べて、対応関係をさぐることにしました。結果として、当時は男性も女性も首飾りや耳環をつけていたことがわかりました。一方、耳玉《みみだま》は女性にかぎられ（図63）、勾玉を多用しているのは女性のようでした。とくに勾玉をたくさんつけている場合（図62）は巫女と推定されること、勾玉が一つの場合は男性に多いことなどを確認しました。そのほかに、手玉《てだま》や足玉《あしだま》などは女性にかぎられ、とくに巫女が用いているようです。

「黥面文身」とイレズミ

弥生人、初期の古墳人について記したいわゆる『魏志』倭人伝には、倭人は「男子無大小、皆黥面《げいめん》文身《ぶんしん》」とあります。「黥面」は顔のイレズミ、「文身」は体のイレズミを意味し、当時の倭人男性はみなイレズミをしていたことになります。

一方、『古事記』『日本書紀』にはイレズミに関する記事が六カ所認められます。そのうち五カ所が黥面に関するもの、一カ所が文身に関するものです。このように黥面が圧倒的に多く、文身はまれです。また、男女を比較すると、黥面は男性にかぎられ、文身は男女どちらにもみられます。

では、埴輪はどうでしょうか。人物埴輪でも、奈良県田原本町《たわらもとちょう》の羽子田《はごた》1号墳出土の盾持《たても》ち人埴輪の頭部のように、顔面に線刻でイレズミのような表現がみられます（図64）。両頬に鏃《やじり》か矢羽根のように描かれたのがイレズミと考えられます。なお、頭部の線刻はかぶり物を、口のまわりの造形はヒゲをあらわしているともいわれています。

　しかし、イレズミの表現がある人物埴輪とない人物埴輪が同一古墳内に共存します。男女差では、女性でイレズミ表現のあるものは認められません。また、男性でも高貴な人物にはほとんどみられません。また、職掌では、盾持ち人に多く、ほかに武人、馬飼い、力士にあります。例外的に琴弾と鷹匠に一例ずつ確認されています。職掌間での表現型式の差はうかがえません。分布は圧倒的に近畿地方に集中していて、関東ではわずかです。ちなみに、弥生・古墳時代の土器絵画にもイレズミ様の表現が知られています。

図64　羽子田1号墳（奈良県田原本町）の黥面埴輪
首から下は欠けているのではなくこれで完結していることから、器財埴輪の盾の上部に差し込んで盾持ち人埴輪になった分離造形埴輪とみられる。

　一方、顔面を赤色塗彩する人物埴輪が多く認められます。その表現の仕方は一律ではありません。同じ古墳内でも、たとえば塚廻り1号墳中の盾持ち人埴輪三体はみな表現の仕方を変えています（図65）。一方、同一古墳の女性埴輪はまたちがった表現になっています。職掌や性別、階層でのちがい、古墳（群）間での相違、地域性、時期差などについても興味がもたれます。

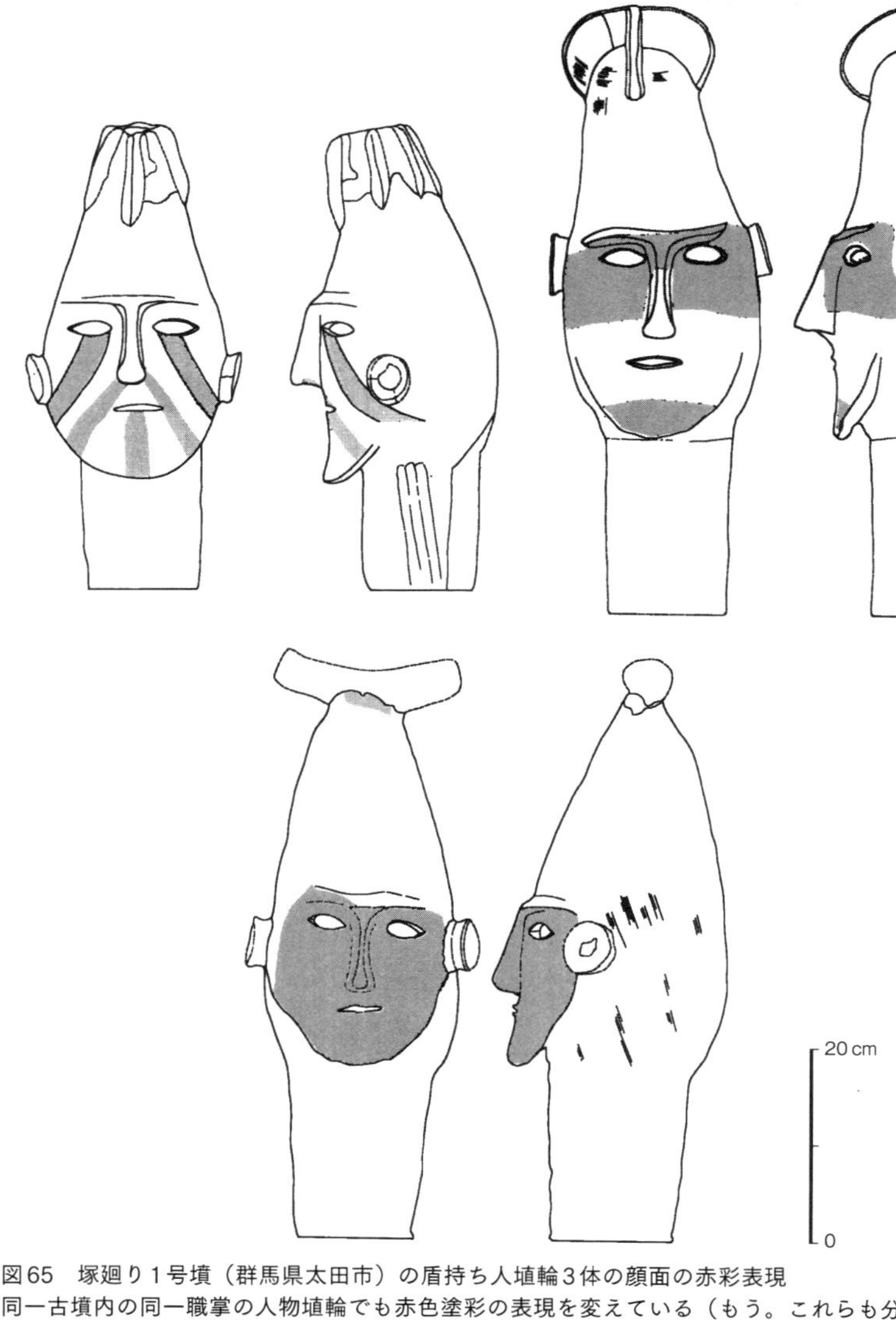

図65　塚廻り1号墳（群馬県太田市）の盾持ち人埴輪3体の顔面の赤彩表現
同一古墳内の同一職掌の人物埴輪でも赤色塗彩の表現を変えている（もう。これらも分離造形の盾持ち人埴輪。

なお、これらの表現が日常的におこなわれていたのか、非日常の祭祀の場での一時的な塗彩なのかはわかっていませんが、後者の可能性が高いものと考えられます。

おしゃれだった古墳時代の男性

現在でこそ、男性でも若い世代を中心にピアスをする人が増えていますが、それでも女性にくらべたら圧倒的に少ないでしょう。ところが、古墳時代後期の六世紀には、埴輪からうかがうかぎり、多くの男性がピアスと推定される耳飾りをしていたことが想定されます。

図66　綿貫観音山古墳（群馬県高崎市）の盛装男子埴輪
飾り下げ美豆良に太い耳環をつけている。

図67　鍬を担ぐ農夫埴輪（赤堀村104号墳／群馬県伊勢崎市）
耳環をつけた農夫埴輪の代表格。半身像・上げ美豆良であることから高い身分ではないことがわかる。

実際に埋葬施設から着装状態でみつかった遺骨は、性別の明らかな資料は少ないものの、高い比率で耳飾りをつけています。さらに埴輪になると、耳飾りの確認される男性は首長や貴人（図66）から文人・武人・鷹匠・馬飼いなどの臣下の人びとまでいます。ちなみに、ピアスと推定される根拠は、埴輪の耳たぶに孔があいて、そこに耳飾りが通されている例が認められることと、実際の金属製耳飾りの切込みの隙間が狭く、耳たぶをはさむ余地がないことです（図68）。

ブレスレットである釧も女性に多いのですが、なかには先にみた塚廻り4号墳のひざまずく埴輪のように、男性でも釧表現が認められる場合があります（図61参照）。古墳時代の男性は意外とおしゃれだったことがうかがわれます。

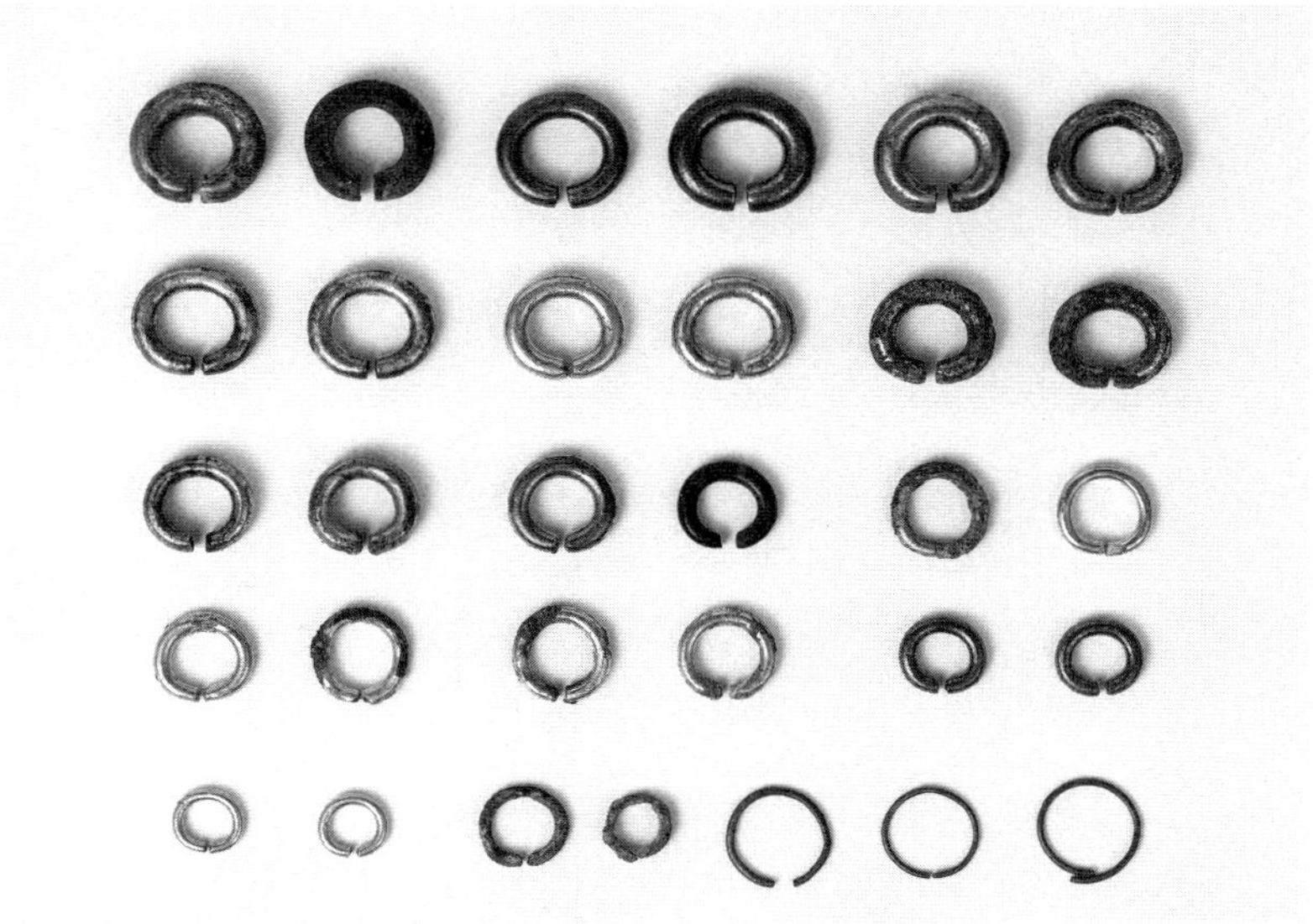

図68　さまざまな耳環
大きさ・太さ・材質でさまざまなものがある。銅芯のものは緑青をふくことからわかる。

農夫も耳飾り

髪を上げ美豆良にまとめ鍬を肩に担いでいる農夫と推定される半身像の男性埴輪があります（図67）。耳には耳飾りをつけています。「耳環」とよばれるものです。これに注目した考古学者の近藤義郎氏は『農民と耳飾り』（一九八三年）という本のなかで、古墳時代には農民も、すべてではないが耳飾りを着用していたと書いています。

実際に古墳から出土した耳環をみてみましょう（図68）。多くが銅芯に金メッキをほどこしたものか金箔を貼った金銅製です。ほかに金製、銀製、錫《すず》製のものなどがあります。

傾向として畿内の大王墓に相当するか、それに準じる古墳や地方の有力前方後円墳には金製、銀製のものが副葬されています。また、小型古墳でも渡来系被葬者と推定される古墳にも同様な材質のものが認められます。有力古墳をはじめ小型の群集墳にも副葬されています。

他方、集落遺跡からもまれに耳環が出土することが知られています。古墳研究者の安藤鴻基氏は、集落のなかでも大型住居跡から出土するとして、その階層性に着目しています。飛鳥時代（七世紀前半）の茨城県鹿嶋市の道高《どうたか》遺跡の大型竪穴住居で耳環が確認されています。

新潟県上越市にある延命寺《えんめいじ》遺跡の飛鳥時代（七世紀前半）の地層からは、金銅製のものと錫製のものがみつかっています。同遺跡は七世紀後半以降、官衙的性格を帯びることがうかがわれます。兵庫県南あわじ市の九蔵《ぐぞう》遺跡からは、奈良時代の官衙に先行して飛鳥時代とされる大型掘立柱建物が発見されていますが、その直径一メートル近くもある柱穴の掘方の埋土中から、銅芯に銀メッキをほどこした耳環が出土しています。これは地鎮の祭祀に使われたものと考えられます。六世紀末創建とされる日本最初の仏教寺院、飛鳥寺の塔心礎にも耳環が埋納されていました。これも鎮壇具と推定されます。

このように出土するのは寺院や官衙的な遺構、大型建物などからで、耳環着用者は集落のなかでも有力者であると想定されます。

すると耳飾りをつけた農夫埴輪は、農夫という職能の代表者を表現しているとみることができるでしょう。福島県会津坂下町《あいづばんげまち》の樋渡台畑《ひわたしだいばたけ》遺跡は古墳時代後期（六世紀）の豪族居館関連遺跡ですが、そのなかの竪穴住居からも耳環が出土しています。

上げ美豆良と下げ美豆良

漫画・アニメに古墳時代の大王が登場する場合、髪型を「上げ美豆良」に表現しているのにしばしば出くわします。

「美豆良」とは男性のヘアスタイルで、万葉仮名表記ですが、髪を頭頂部から左右に振り分け、耳のあたりで束ねるものです。束ねた髪を下げたままにするのを「下げ美豆良」といい、さらにそれを折り返して上に跳ね上げて束ねたものを「上げ美豆良」と称しています（図69）。下げ美豆良は一見、三つ編みにして両耳の下に垂らすヘアスタイル「お下げ髪」に似ています。

先の塚廻り4号墳のひざまずく男性埴輪（図61参照）は下げ美豆良をしていることから身分が高い人物だったろうと記しました。上げ美豆良は身分の低い農夫や馬飼いなどに表現されていて、下げ美豆良は身分の高い首長をはじめ鷹匠、琴弾などに表現されています。

ただし、盾持ち人埴輪のうち埼玉県熊谷市の女《め》塚《づか》1号墳出土のもの、馬飼い埴輪のうち奈良県田原本町出土のものや塚廻り4号墳出土のものなどに、下げ美豆良の例がみられます。しかし、貴人の装飾豊かなものにくらべると、これらの下げ美豆良は飾りのない単純な棒状のもので、やはり格

農夫の上げ美豆良
（赤堀村104号墳）

馬飼いの下げ美豆良
（塚廻り４号墳）

貴人の飾り下げ美豆良
（四ツ塚古墳）

図69　上げ美豆良と下げ美豆良
身分が高い人物は下げ美豆良、低い人物は上げ美豆良で表現されている。また、同じ下げ美豆良でも、飾り美豆良は高位の者、普通の美豆良は低位の者に認められる。

1909年（明治42）発行の国定教科書『尋常小学日本歴史　巻一』文部省

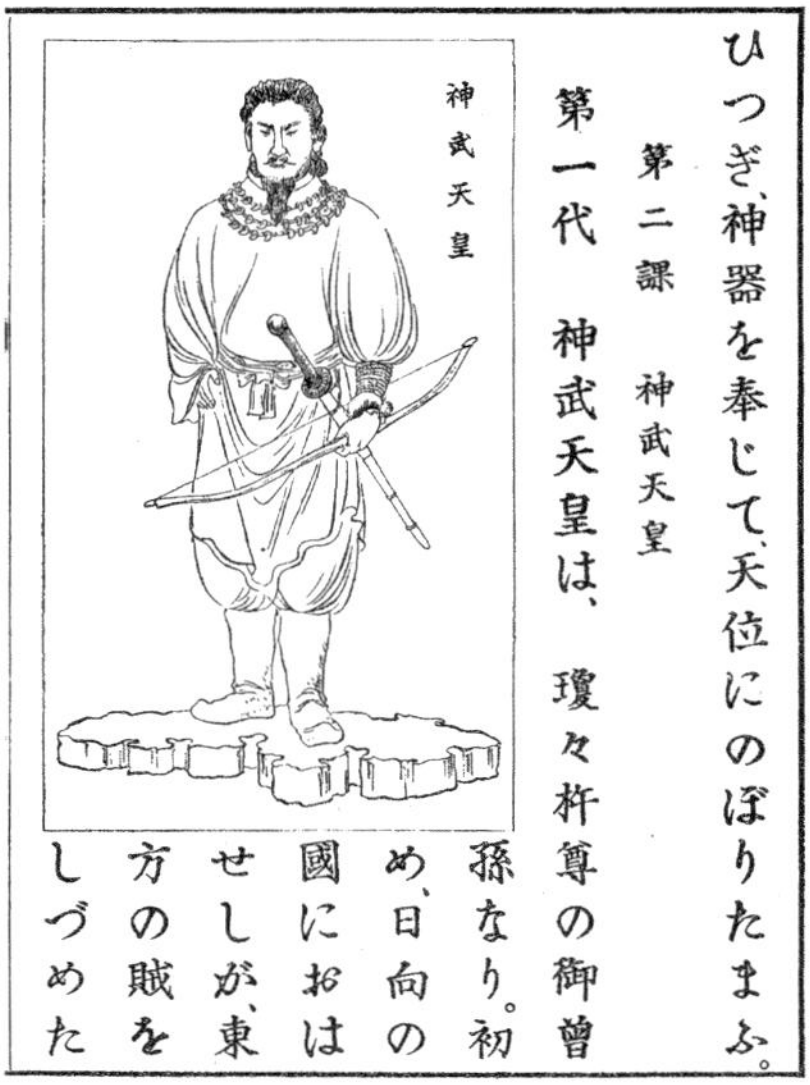

1902年（明治35）発行の検定教科書『歴史教科書　甲種巻一』帝国書籍株式会社

図70　戦前の教科書に描かれた神武天皇像

差が存在したようです。

　というわけで、古墳時代の大王を上げ美豆良で復元するのは違和感があります。神武天皇は実在の疑われる天皇ですが、その容姿は、明治時代中期頃まではざんばら髪の表現も多く、後期の国定教科書のなかでは上げ美豆良であらわすようになります（図70）。その後、大正時代、昭和戦前・戦中期にも上げ美豆良が続きますが、群馬県伊勢崎市にある相川考古館を取材・見学した日本画家の前田青邨は、人物埴輪をヒントに高貴な人物として下げ美豆良に描きあらためています。

　なお、茨城県土浦市の武者塚《むしゃづか》古墳で実際の美豆良が出土しました。それは上げ美豆良でした。古墳時代終末期の有力者男性のヘアスタイルは上げ美豆良だったようです。ちなみに吉野ヶ里遺跡で、弥生時代の甕棺から出土した頭骨の耳の上あたりから、束ねて巻かれた成人男性の毛髪が発見されたそうです。上げ美豆良なのか気になるところです。

女子埴輪のヘアスタイル

女子埴輪の髪型をみると、大きな変化があるのに気づきます。

髪型を上からみると、六世紀前半までは前のほうが広がっている撥《ばち》型をしているのに対して、六世紀後半以降は前と後ろの両方に広がっている分銅《ふんどう》型を呈しています（図71）。これは当時のヘアスタイルの流行なのでしょうか。

表現の仕方をみると、板状にして表現したものと髪の流れを忠実に表現したかのようなボリューム感のある中空状ものとがあり、撥型、分銅型どちらも板状のものと中空状のものが存在します。

群馬県大泉町の古海《こかい》出土の女性埴輪は分銅

撥形の髷（塚廻り３号墳）

分銅形の髷（群馬県伊勢崎市豊城町横塚出土）

図71　女性埴輪のヘアスタイル
女性埴輪の髷は６世紀中頃を境に、撥型（左）から分銅形（右）に移行する。

図72　群馬県大泉町古海出土の女性埴輪の分銅形・中空状の髷

型・中空状のものです（図72）。髷は竪櫛で留め、丸い玉を連ねて二重にした首飾りと足玉、同じく玉を連ねた手玉をつけています。耳には小さな玉の飾りと、いまは欠けていますが、耳環もしていたようです。全身像で椅子に座っていることから身分の高い女性で、左の腰に鈴鏡をつけていることから巫女と考えられます。

女性埴輪の衣装

古墳時代の女性の衣装というと、高松塚古墳（七世紀末）の壁画に描かれた女性群像の衣装が注目されます。高松塚古墳壁画中の女性人物は縦縞の入った裳《も》をまとっています。中国の北方民族の服装、胡服《こふく》との関連性が指摘されています。

これと同様な衣装の埴輪が群馬県伊勢崎市豊城町の横塚出土の女性埴輪です（図73）。青海波《せいがいは》風の二重弧線を重ねる文様の上衣を左前に着ています。結び紐は上下二カ所で蝶結びにしています。下衣の裳は縦縞線刻が等間隔に入っています。また、六世紀後半の群馬県高崎市の綿貫観音山《わたぬきかんのんやま》古墳出土の王妃と推定される女性埴輪も共通します（口絵10）。台上で正座していますが、上衣には二重線による複合鋸歯文《きょしもん》（連続三角文）を配し、縁には縫い目が表現されています。下衣の裳は細かい縦縞文様となっています。ちなみに、脇におかれた「三人童女」の裳にも縦縞がみえます。

さらに遡ると、これらとよく似た衣装が古墳時代前期、四世紀の新潟市葛塚《くずつか》遺跡出土の土師器壺肩部の線刻絵画に認められます（図74）。上記の女性埴輪と同様の縦縞文様の裳をつけた女性司祭と推定される人物が描かれています。これらがつながっているのか否か、その解明が今後の課題です。

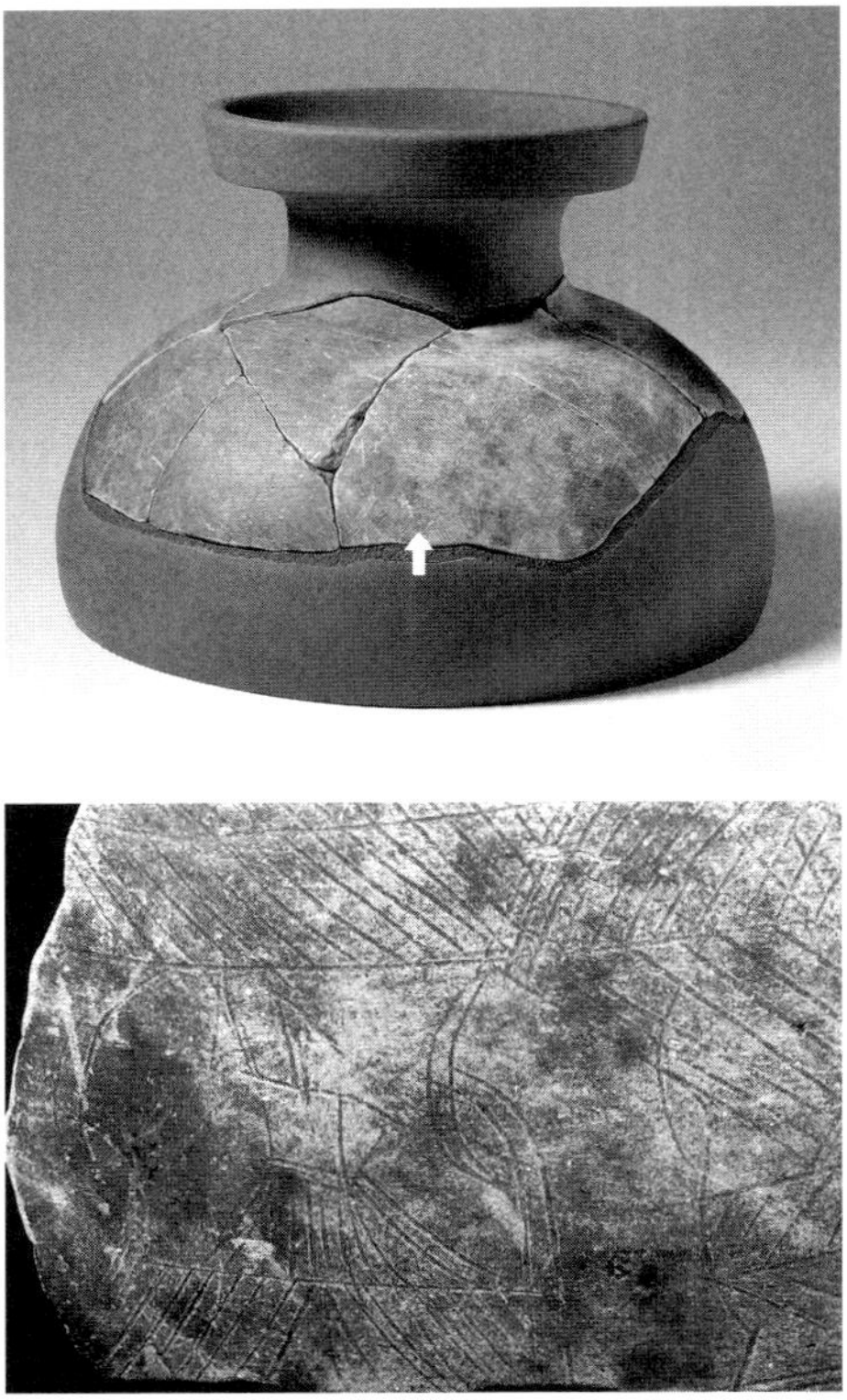

図74　土師器壺に描かれた女性司祭（葛塚遺跡／新潟市）
有段口縁壺（口縁部は復元）の肩部にシャーマンを表現した線刻絵画がある。表面は赤く塗られている。

図73　群馬県伊勢崎市豊城町横塚出土の女性埴輪
上衣には二重弧線を鱗状に連ねた文様があり、下衣の裳は縦縞が描かれている。

巫女埴輪の認定

女性埴輪のなかで独特な存在感を示すのが巫女埴輪です（口絵17）。

なにをもって「巫女」とするかですが、まず衣装で目立つのが特別な祭服である意須比《おすい》という布をまとっている点です。また、襷《たすき》をかけ、腰には魔除けの文様ともいわれる連続三角文の飾り帯をしめています。左腰には鈴鏡を携えています。首飾りには勾玉を多用し、豪華に飾りつけています。巫女埴輪の多くは椅子に腰かけた姿で表現されます。

なかには宮崎県新富町の百足塚《むかでづか》古墳出土の女性埴輪のように、全身立像で性器を表現したものがあります（図75）。記紀神話に登場する女神、アメノウズメが天照大神の磐戸隠れの段において踊る姿を彷彿させます。それは太陽神、天照大神の死とその再生・復活を促すものとされ、巫女のはたした

図75　百足塚古墳（宮崎県新富町）の女性埴輪
襷掛けした女性が右手で衣服の裾をまくり上げている。双脚全身立像の女性埴輪はめずらしい。

役割が示唆されます。なお、西日本の巫女埴輪は祭服が左右両側に広がっています。

図76　狐塚5号墳（滋賀県米原市）の巫女埴輪
意須比（おすい）をまとい、弓を持つ。弓は弦もリアルに表現されている。左右に広がる祭服のかたちは西日本の巫女埴輪の特徴。頭部は復元。

大刀・弓を持つ女性埴輪

埴輪のなかにはまれに大刀《たち》や弓を持った女性が登場します。古墳時代には女性も大刀や弓を所持していたのでしょうか。のこっていた人骨から性別の判明した古墳被葬者の副葬品を検討した研究では、女性で武器・武具を副葬する事例は少ないものの、皆無ではないことが知られています。

古墳時代研究者の杉山晋作氏は、塚廻り4号墳の造《つく》り出《だ》し部前端にならぶ人物埴輪のうち、右手に頭椎大刀《かぶつちのたち》を持つ女性半身像（口絵19）を、この古墳の被葬者を表現したものとしました。しかし、塚廻り4号墳の埴輪群中には、椅子に座った男性貴人埴輪が二体あり、新旧首長を示していると考えられます（図28参照）。3号墳の首長も同様に、飾り帽をかぶり、権威の象徴である玉纏大刀《たままきのたち》を脇においていました。また、ひざまずき先の首長の遺徳を讃え、新首長への権力継承の正統性を言上する誄《るい》詞《し》を奏上する男性埴輪の位置は、先の頭椎大刀を持つ女性埴輪とはセットにならず、やはり椅子に座った男性貴人埴輪に対面すると考えられます。こうした点から、この女性埴輪は被葬者をあらわしたものではないと結論づけられます。

滋賀県米原市の狐塚5号墳出土の巫女と推定される埴輪は弓を持っています（図76）。意須比を右肩から垂らし、襷をかけ、腕には防具の籠手《こて》をはめ、弓を大事に抱えています。髪型は古墳時代後期、六世紀前半のスタイルで、邪気や穢れを払う鳴弦《めいげん》の儀に似たようなものでしょうか。「特別な権威をもった女性」とも表されていますが、半身像でつくられている点、椅子に座っていない点などから、埴輪群の中心人物ではないと考えられます。おそらく儀式の一場面を担った脇役の巫女でしょう。

人物埴輪のかぶり物

人物埴輪には、冠《かん》や帽《ぼう》（帽子のこと）をかぶった埴輪がたくさんあります。かたちもバラエティに富んでいます。図77に職掌ごとのかぶり物を集成してみました。おおよそ職掌ごとにちがいがありそうです。また、同一職掌のなかでもさまざまなものがあります。

「胡坐・倚坐貴人」の冠・帽は豪華です。身なり・服装とあわせて、人物埴輪群の中心人物であることをうかがい知ることができます。④八幡原例はもっとも豪華なかぶり物の一つですが、これをかぶる人物は奈良県斑鳩《いかるが》町の藤ノ木古墳にみられたようなスパンコール状の円形刺突表現が上衣に認めら

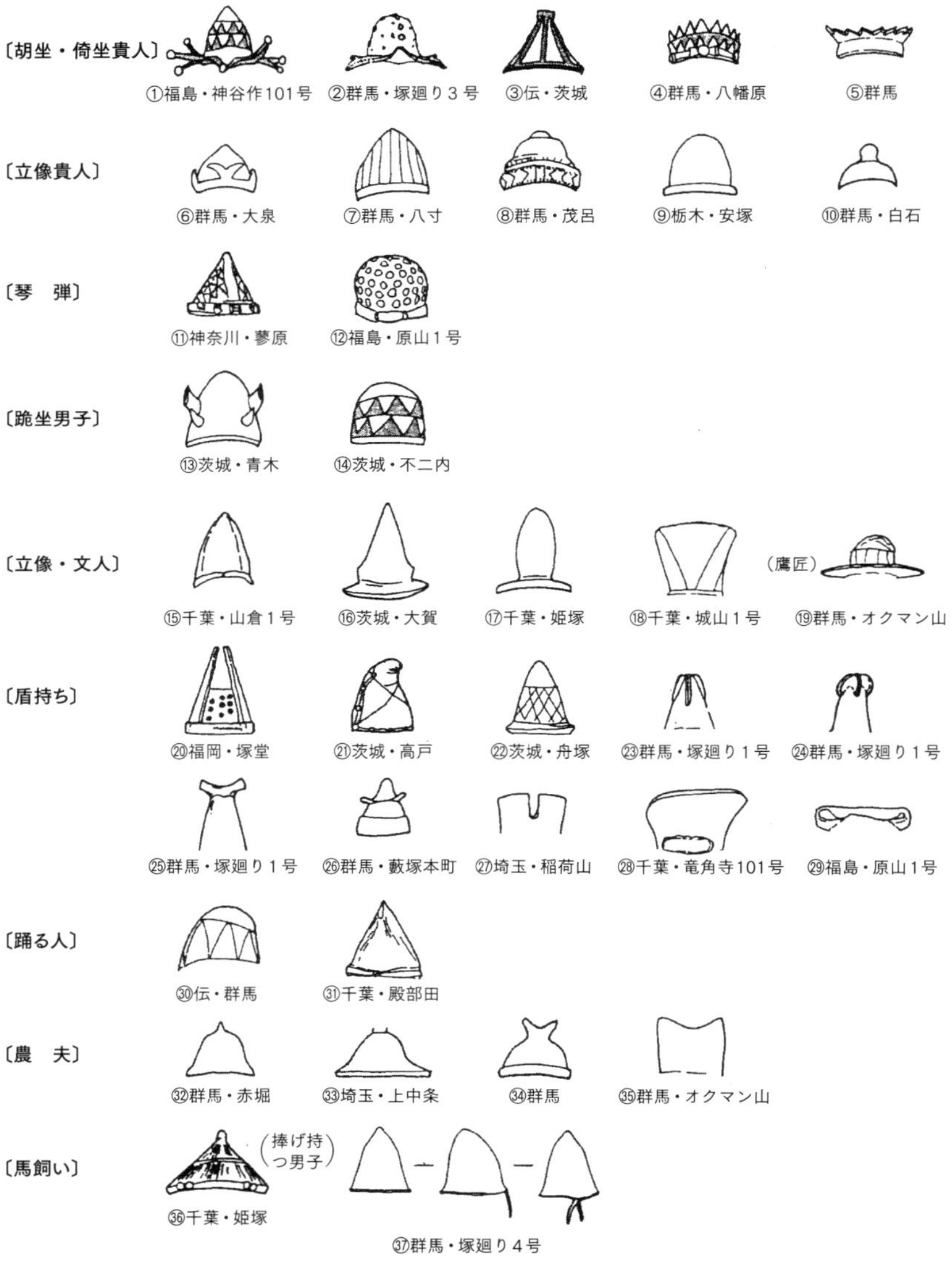

図77　人物埴輪のかぶり物集成

れ、飾り美豆良を結って身分の高さを誇示しています。①神谷作《かみやさく》101号墳例では、首長とおぼしき人物が先端に鈴様の丸い飾りをつけた星形の飾り帽をかぶっています（図78）。それと似た星形の帽子は塚廻り3・4号墳でも認められます（図77②、図25参照）が、先端に丸い飾りはつきません。

「立像貴人」のなかには、朝鮮半島の伽耶《かや》系の金銅冠などを表現したと考えられるものがあります（図77⑥）。また、鍔《つば》に飾りのついた山高帽をかぶったものもあります（図79）。

「琴弾」は、貴人とさほど劣らぬ飾り帽をかぶっています。図77⑪蓼原《たではら》古墳例は鋸歯文を、図77⑫原山1号墳例（口絵7）は円文をそれぞれ施した帽をかぶっています。

「跪坐男子」では、図77⑭不二内古墳例は鋸歯文で飾った頂部の丸い帽をかぶっています。跪坐する

図78　神谷作101号墳（福島県いわき市）の胡坐貴人埴輪
先端に鈴様の丸い飾りをつけた星形の飾り帽をかぶっている。

図79　四ツ塚古墳の立像貴人埴輪
鍔に飾りがついた山高帽をかぶり、飾り下げ美豆良に太い耳環をつけた貴人。環頭大刀を佩いている。

男子埴輪は、さきにみた塚廻り4号墳のもののようにかぶり物をかぶっていない場合もあり、かぶり物が必須ではないことを物語っています。跪坐男子のかぶり物はやや装飾性があり、比較的身分が高いことを示しています。

「立像・文人」は、おおかた簡素ですが、鍔をもつ山高帽は特徴的な一群です（口絵11）。なお「鷹匠」の帽子は、オクマン山古墳例（図77⑲・口絵16）のようには必ずしも装飾性に富んでいません。ちなみに、オクマン山古墳例は飾り下げ美豆良をしています。

「盾持ち」のかぶり物はとくにバリエーションに富み、塚廻り1号墳では三体確認された盾持ち人埴輪のすべてがそれぞれ異なったかぶり物をかぶるという徹底ぶりです（図65参照）。それでも図77㉕と同様なかぶり物をかぶる盾持ち人埴輪は千葉県流山市の東深井9号墳や埼玉県東松山市のおくま山古墳からまとまって出土していて、盾持ちのなかではもっともポピュラーなものです。なお、盾持ち人埴輪のなかでも舟塚古墳例（図77㉒）のかぶり物は装飾性に富んでいます。舟塚古墳は前方後円墳で、塚廻り1号墳などの帆立貝式古墳よりもランクが上の可能性があります。「農夫」「馬飼い」のかぶり物は簡素というか粗末です。それは身分の低さを示しているのでしょう。

一方、女性埴輪には一般的にかぶり物をかぶる埴輪は認められません。図77㉛は殿部田《とのべた》古墳の踊る女子埴輪がかぶる烏帽子《えぼし》状の帽ですが、古墳研究者の若松良一氏は男装であろうと指摘しています。

五体の武人埴輪

東京国立博物館が所蔵する群馬県太田市飯塚町出土の武人埴輪（口絵14、国宝）は有名ですが、これと同種同工の武人埴輪がいままでに四体確認されています（図80）。

それは相川考古館が所蔵する群馬県太田市成塚町出土のもの（重要文化財）、国立歴史民俗博物館が所蔵する同伊勢崎市安堀町出土のもの、天理大学附属天理参考館が所蔵する同太田市世良田37号墳のもの（重要文化財）、そしてアメリカ・シアトル美術館が所蔵する同太田市出土のものです（表1）。出土古墳が明確ではないものもあります。

これらの武人埴輪の分布は北関東、それも群馬県の太田市域を中心に西は伊勢崎市域にいたる、古代の上野国《こうずけのくに》新田郡と佐位《さい》郡の二郡にわたる範囲でしかありません。列島全体からみれば、限定された地域でつくられた埴輪といえます。

五体の武人埴輪を比較するといろいろなちがいがあります。

まず、台部の透かし孔が正面─背面方向を向くもの（国立歴史民俗博物館、シアトル美術館）と左右側面方向を向くもの（東京国立博物館、相川考古館、天理参考館）とがあります。矢入れ具では、靫《ゆき》のもの（東京国立博物館、相川考古館）と胡籙《ころく》のもの（国立歴史民俗博物館、天理参考館、シアトル美術館）のちがいがあります。下半身は、武具のもの（東京国立博物館）と袴《はかま》（その他）の差がみられます。

相川考古館所蔵
（太田市成塚町あるいは伊勢崎市八寸出土カ）

東京国立博物館所蔵
（太田市飯塚町出土）

シアトル美術館所蔵
（太田市出土）

天理大学附属天理参考館所蔵
（群馬県太田市世良田37号墳）

国立歴史民俗博物館所蔵
（伊勢崎市安堀町出土）

図80　5体の武人埴輪
いずれも群馬県の太田・伊勢崎市域、古代の上野国新田郡・佐位郡2郡にわたる範囲でみつかっている。

さらに表現上の相違として、頬当てを三段構成で表現するもの（東京国立博物館、国立歴史民俗博物館、シアトル美術館、天理参考館）と二段構成で表現するもの（相川考古館）があります。また、首飾りの表現のないもの（東京国立博物館、天理参考館）と丸玉で表現するもの（相川考古館、国立歴史民俗博物館、シアトル美術館）が認められます。手の位置は、大刀・弓の場合と胡籙・弓の場合とがあります。佩刀《はいとう》の型式では方頭《ほうとう》系のもの（東京国立博物館、国立歴史民俗博物館、シアトル美術館）と頭椎《かぶつち》系のもの（相川考古館、天理参考館）がうかがえます。袴の文様は、三角文（相川考古館、国立歴史民俗博物館、シアトル美術館）と武具の臑当《すねあて》表現（東京国立博物館）、あるいはなし（天理参考館）となります。ほかに、挂甲《けいこう》表現の裾列点と山形文のあるもの（相川考古館、天理参考館）と列点文のあるもの（東京国立博物館、国立歴史民俗博物館、シアトル美術館）とが存在します。

　このようにみてくると、製作上の同種のまとまりがあることを認めざるをえません。以上みてきた製作上の異同から、国立歴史民俗博物館のものとシアトル美術館のものとが酷似し、相川考古館と東京国立博物館のものにも近しい関係が認められることを指摘しておきたいと思います。なお、相川考古館のものだけ肩甲が明確に表現されていません。

　以上から、これらの武人埴輪は同じ工房の、同一工人かほかの工人によって製作されたと考えられます。その製作時期に大きな差はないものの、靫から胡籙へという変遷と脚結《あゆい》紐の型式変化から、東京国立博物館所蔵品→相川考古館所蔵品→国立歴史民俗博物館所蔵品・シアトル美術館所蔵品→天理参考館所蔵品という製作順序が想定されます。ほぼ同時期の六世紀中頃から後半に太田市域から伊勢崎市域の有力前方後円墳に供給されたとみられます。

　と言うのは、天理参考館所蔵の武人埴輪は群馬県太田市の小角田前2号墳から出土したことが、地元の考古学研究者、相川龍雄氏の「小角田前古墳考」という『上毛及上毛人』一九八号（一九三三年

表1　武人埴輪五体の比較

所蔵者	出土地	台部透かし孔	頬当て	首飾り	籠手	手の位置	挂甲	大刀	武具・袴	脚結い紐	靫	胡籙
東京国立博物館	群馬県太田市飯塚町	横	3段	なし		大刀・弓	列点	方形Ⅰか	臑当表現	なし、背面蝶	○	
相川考古館	群馬県太田市成塚町（伊勢崎市八寸？）	横	2段	丸玉		大刀・弓	裾列点・山形	頭椎形-b	三角文	蝶	○	
国立歴史民俗博物館	群馬県伊勢崎市安堀町	正面	3段	丸玉		胡籙・弓	列点	方形Ⅰ-a	三角文	蝶		○
天理参考館	群馬県太田市世良田37号墳（小角田前2号墳）	横	3段	なし	列点	胡籙・弓	裾列点・山形	倒卵形Ⅱ	無文	ブーメラン		○
シアトル美術館	群馬県太田市内	正面	3段	丸玉		胡籙・弓	列点	方形Ⅰ-b	三角文	蝶		○
相川考古館参考1	不明						列点（1+1）					
相川考古館参考2	群馬県伊勢崎市八寸						列点（1+1+1）					
相川考古館参考3	群馬県太田市九合		3段									

（注）相川考古館参考1〜3は、相川考古館がほかに保管している武人埴輪

〔昭和八〕）掲載論文から判明しました。同古墳からは武人埴輪のほかに大型の切妻造家形埴輪が出土し、金銅装頭椎大刀《こんどうそうかぶつちのたち》が副葬されていたようです。小角田前2号墳は墳長約九〇メートルの前方後円墳で、現在は世良田37号墳という名称でよばれています。ほかの武人埴輪の出土古墳は明らかではありませんが、同様の規模の古墳と考えられます。

また、相川考古館所蔵の武人埴輪を再確認したところ、おもしろいことがわかりました。相川考古館所蔵の重要文化財の武人埴輪は、出土地が「太田市成塚町」とされてきましたが、伊勢崎市である可能性が浮上したのです。なぜならば武人埴輪の足元に伊勢崎市の地名「八寸《はちす》」の墨書きの注記がみつかったのです。その「八寸」の地名は「土師」から来ているとも考えられ、埴輪工人集団とのかかわりが考えられる興味深い発見です。なお、伊勢崎市には「波志江《はしえ》」という土師伝承地もあります。

さらに、相川考古館にはほかに二、三体の同種武人埴輪があるようなのです。これらの武人埴輪を復元した人物が、一つの個体から複数復元しているとも伝えられ、注意が必要です。

武人埴輪は首長か

群馬県高崎市の綿貫観音山古墳では、横穴式石室の開口部付近の前庭部から、首長とおぼしき鈴つきの大帯《おおおび》をしめた男性人物埴輪が出土しました（図81）。石室の玄室部から実物の金銅製鈴つき大帯が副葬された状態で出土していることから、この埴輪は被葬者である首長をあらわしているとされていますが、後継の首長が被葬者である先の首長の功績をたたえる誄詞を言上している姿と解釈したいと思います。

一方、くびれ部付近から出土した武人埴輪（図82）も首長を表現しているとする説があります。と

図82　綿貫観音山古墳の武人埴輪
特種な冑をかぶり、挂甲を装着し、左手に弓を握る。指揮官が武力を誇示しているのか。

図81　綿貫観音山古墳の貴人埴輪
飾り下げ美豆良にし、鈴つきの大帯をしめ、胡坐する。後継首長の誄詞言上をあらわしている。

なると、首長は場面を替えて、さまざまなかたちで埴輪群中に登場しているという解釈になります。それは、はたして正しいでしょうか。たしかにこの古墳の副葬品中には特殊な突起付き冑があります。しかし、埴輪の冑《かぶと》とは形態が異なっています。よって武人埴輪は配下の指揮官や支配下の有力豪族をかたどっているという解釈が成り立ちます。

武人埴輪と靫負

武人埴輪には甲冑を身につけて大刀を腰に佩《は》いただけのものと、弓矢の先を下にむけて入れる胡籙を肩にかけたもの、あるいは弓矢の先を上に向けて入れる靫を背負ったものがあります（図83）。

そもそも靫を単独でかたどった器財埴輪が古墳時代前期には出現します。なかには奈良県御所《ごせ》市の室宮山《むろみややま》古墳の靫形埴輪のように巨大で立派なものもあります（口絵24）。器財埴輪の靫形埴輪は古墳時代後期までつくりつづけられます。一方、胡籙は単体の器財埴輪としては造形されることがなく、武人埴輪の一要素として存在しています。

図83　靫負埴輪が背負っている靫（茨城県出土）
靫は矢の先を上にして納める。

胡籙は、朝鮮半島では出土遺物や壁画にあり、彼の地から日本列島に伝わったと考えられます。他方、靫は日本列島独自のものとみられます。靫負《ゆげい》という言葉があります（読みは「ゆきおい」→「ゆげい」と音韻変化したのでしょう）。大化前代に靫を負い中央に出仕し、宮廷諸門の警護にあたった者をさします。日本列島では人を示すのに用いられるほど靫は防御、武人のシンボルだったわけです。

盾持ち人埴輪の異形

盾持ち人埴輪は、器財埴輪である盾形埴輪の上に人物の頭部を表現した異形《いぎょう》の人物埴輪です。

塚廻り1号墳の盾持ち人埴輪の場合は、首が別づくりではめ込み式になっています。同古墳では四体出土している盾持ち人埴輪の頭部の表現がみな異なっていま

図84　保渡田八幡塚古墳（群馬県高崎市）の外堤に立てられた盾持ち人埴輪
大きな耳、「へ」の字にあけた口などに威圧感がある。盾面には魔除けの連続三角文が施されている。

す。先にみたように、顔面には歌舞伎の隈どりのような線刻・彩色がみられます（図65参照）。帆立貝式古墳の造り出し部前面に一列横隊で外を向いて立てられていたようです。それはあたかも外部から侵入しようとする悪霊などを退散させ、内部を護る強い意志が感じられます。

群馬県高崎市の保渡田八幡塚《ほどたはちまんづか》古墳は、第3章で中堤に設けられた埴輪群をとり上げましたが、二重周濠の外堤には、円筒埴輪とともに盾持ち人埴輪（図84）が等間隔に配置され、墓域を守護している様子がうかがえます。

盾持ち人埴輪とみられるもののなかには歯として白っぽい小礫を埋め込んだものもあります。群馬県高崎市の山名原口《やまなはらぐち》2遺跡1号墳出土の埴輪はリアルさを伝えています（図85）。

図85　山名原口２遺跡１号墳（群馬県高崎市）の盾持ち人埴輪
歯として白っぽい小礫を埋め込んでいる。

埼玉県本庄市の前の山古墳の盾持ち人埴輪も歯を表現した小石を埋め込んだ形跡があり、大きな口を三日月形に開けて笑い顔をした表情が印象的です（口絵21）。この「笑い」の異形には逆に悪霊や外敵を威嚇する働きがあったようです。

鵜匠・鷹匠・猪飼い・馬飼い

鵜を使って魚をとる仕事を生業にする人を鵜匠《うじょう》といい、現在は観光を目的とした鵜飼いが岐阜の長良川や京都の宇治、嵐山などで実施されています。古墳時代の埴輪のなかには鵜匠を表現したものとみられる人物埴輪があります。

第4章でみたように、保渡田八幡塚古墳の中堤の埴輪群中には魚をくわえた鵜とおぼしき鳥形埴輪が確認できます（図59参照）。埼玉県東松山市の岩鼻《いわはな》古墳群には、特異な鳥形の帽をかぶった男性人物埴輪があります（図86）。踊るか招くようなしぐさをしており、上げ美豆良で半身像です。現代の鵜匠は独特な風折《かざおれ》烏帽子《えぼし》をかぶっていますが、それを想起させるような姿です。踊るか招くようなしぐさは鵜をあやつっているのでしょうか。

ちなみに馬飼い埴輪であるかどうかの判定には、片手をあげて手綱《たづな》をとるしぐさをしているかと、飼い葉を刈るための鎌を腰につけているか、があります。この点が鍬をかつぐ農夫と区別される点です。埼玉県熊谷市の野原《のはら》古墳出土の著名な「踊る埴輪」（図87）も、片手をあげて、鎌を腰につけて

図86　岩鼻古墳群（埼玉県東松山市）の特異な鳥形の帽をかぶった男性人物埴輪
鵜をあやつる鵜匠のようにもみえる。

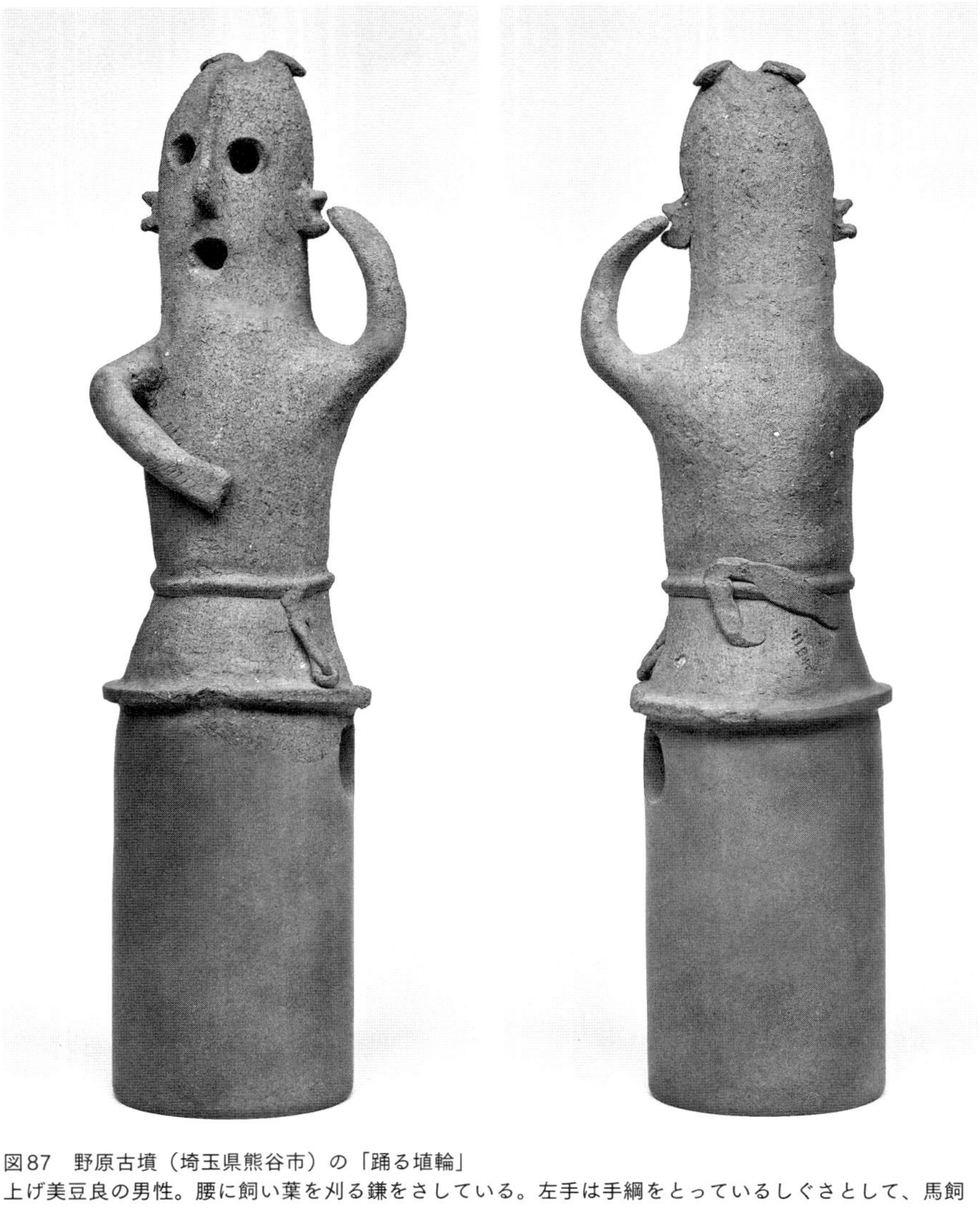

図87　野原古墳（埼玉県熊谷市）の「踊る埴輪」
上げ美豆良の男性。腰に飼い葉を刈る鎌をさしている。左手は手綱をとっているしぐさとして、馬飼いともみられている。

いることから、最近は馬飼い説が浮上しています。その確定には、対応する馬形埴輪に関する検討が必要でしょう。

猪飼いとも狩人とも称される人物埴輪が注目されます。第4章でみたように、保渡田Ⅶ遺跡出土の猪飼いは半身像で表現され、烏帽《えぼ》子《し》状の帽をかぶり、腰におとりの猪形をぶらさげています（図49参照）。動物埴輪のうちには猪形埴輪もみられ、時には矢があたって血が滴っています（図50参照）。

こうした職掌埴輪は鷹匠（口絵16）を除いて半身像でつくられ、着飾っていないことから、支配者層に仕える各職掌の本分を示し、隷属した姿とみることができます。

渡来人をかたどった埴輪

千葉県市原市の山倉《やまくら》1号墳から出土した人物埴輪のなかに、あまりみかけない衣装を着た男性埴輪があります（口絵12）。それは「筒

図88　生出塚埴輪製作遺跡（埼玉県鴻巣市）の人物埴輪出土状況
このなかに筒袖の人物埴輪は写っていないが、同所でいっしょに製作されている。

袖」といって、袖口の外に手が出ないもので、高句麗の舞踊塚《ムヨンチョン》（五世紀）などの壁画古墳に類例があることから、筒袖を身につけている人物埴輪は渡来人をあらわしているのではないかと考えています。この人物埴輪は、上衣の衿《えり》の合わせが「右前」（向かって右側の衿が左側の衿の上に重なる）になっており、一般的な人物埴輪の「左前」とは逆になっている点も異質です。

同様の人物埴輪が山倉1号墳から約九〇キロ離れた北武蔵、埼玉県鴻巣市の生出塚《おいねづか》埴輪製作遺跡（図88）から出土しています。特異な尖り帽に、木の葉形の垂れ目が特徴的な表情をしています。また楕円形の台に全身立像で表現されています。焼き上がりが赤っぽい色調で、酸化第二鉄のベンガラによる発色は山倉1号墳の人物埴輪と共通しており、埴輪の需給関係を示しています。両地域の政治的つながりをうかがわせるものです。

同じく生出塚埴輪製作遺跡から埴輪を供給された埼玉《さきたま》古墳群のうち、埼玉将軍山古墳の横穴式石室には房州石が採用されています。北武蔵と房総半島との緊密な関係がうかがわれます。

なお、生出塚で埴輪を製作していた頃より前代の五世紀の北武蔵には、同東松山市の雷電山《らいでんやま》古墳や同本庄市の金鑽《かなさな》神社古墳などに、渡来系の技術の影響を受けた埴輪が存在し、注目されます。また、埼玉将軍山古墳の馬の旗立て具（蛇行状鉄器）と同行田市の酒巻14号墳（六世紀後半）の旗を立てた馬をかたどった馬形埴輪の出土も重視されます。なぜなら北朝鮮平壌の高句麗双楹塚《サンヨンチョン》（五世紀）にそれに似た壁画が描かれており、また韓国慶尚南道伽耶の玉田《オクチョン》古墳（五〜六世紀）からは蛇行状鉄器が出土しているからです。埼玉将軍山古墳からは高句麗系の馬冑《ばちゅう》も出土しています。

これらのことから、朝鮮半島の高句麗文化が伽耶を経由して日本列島に伝わったことがうかがわれ、その背後には渡来人の存在が考えられます（ちなみに、酒巻14号墳では筒袖の人物埴輪の衿は左前になっています。これは渡来二世でしょうか。朝鮮半島の左前・右前の研究が待たれます）。

第6章

埴輪の製作

埴輪窯のカミマツリ

群馬県太田市にある古墳時代後期の金井口埴輪製作遺跡を発掘調査中に見学した折、窯底から石製模造品の剣形品や有孔円板が出土している光景に遭遇しました。そのことから、埴輪焼成中ないしは焼成直後になんらかの祭祀をとりおこなっていたことが想定されました。

古墳時代後期の竪穴住居跡の竈《かまど》を調査した際にも、竈をつくっている粘土中から同様の石製模造品が出土するのにでくわしたことがあります。これらのことから、「火神」に対する祭祀が広くおこなわれていたことが推定されるようになりました。

埴輪製作遺跡の調査例を丹念にみていくと、ミニチュアの手づくね土器や石製模造品といった祭祀遺物の出土例が多いことに気づかされます。埼

図89　姥ヶ沢埴輪製作遺跡（埼玉県熊谷市）の窯跡
窖窯〔あながま〕の上部は失われ底部だけのこっている。斜面を利用して密に分布するが、同時操業のものは多くない。写真下方は灰原〔はいばら〕。

土師器（坩）

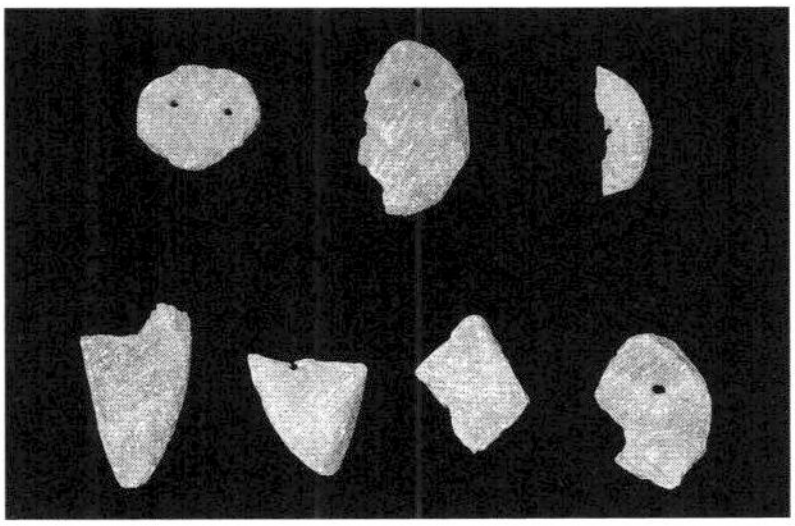

石製模造品

鹿形埴輪

円筒埴輪

図90　姥ヶ沢埴輪製作遺跡から出土した祭祀遺物と埴輪
坩は祭祀に使われた土器である。写真の坩は頸から上が欠損している。

玉県熊谷市の姥《うば》ヶ《が》沢《さわ》埴輪製作遺跡（図89）では、窯のなかや灰原《はいばら》（排出された灰や焼き損じ品を捨てた焚き口手前の場所）から、石製模造品の剣形品や有孔円板、勾玉形、土師器の坩《かん》などがみつかっています（図90）。ここに埴輪工人の信仰の一端を垣間見ることができます。

「火神・窯神」に対する信仰はその後も続き、現代の窯場でも神棚にお札が貼られています。火神信仰の歴史のルーツを埴輪窯にたどることができるのです。

同じ古墳に上手な埴輪と下手な埴輪

群馬県太田市の朝子塚《ちょうしづか》古墳の円筒《えんとう》埴輪を観察すると、おもしろいことに気づきます。同じ円筒埴輪でも、上手な埴輪と下手な埴輪があるのです。

それは突帯《とったい》や外面調整に一目瞭然です（図91）。上手な埴輪は薄手で焼き色が白っぽく、外面調整技法にA種横ハケメという畿内の前期古墳に認められる技法が使用されています。突帯の断面形はアルファベットのM字形に近く、コーナーがシャープなつくりで洗練されています。

一方、下手なつくりの埴輪は厚さが一五ミリを超える厚手で、色調は茶褐色です。もっとも大きな相違点は、外面調整に二次縦ハケメを用い、土器的なつくりをしている点です。突帯もシャープさに欠け幅広となります。

このちがいは、埴輪工人の個人的な技量の問題だけでなく、埴輪工人集団の編成のあり方をあらわしていると考えられます。上手な埴輪の製作者は畿内から派遣された専業的な埴輪工人の指導者で、下手な埴輪の製作者は在地で徴発された土器づくりの工人だったとみられます。

図91　上手な埴輪と下手な埴輪
左：2次調整のA種横ハケメはシャープで、つくりは薄手である。畿内系工人の作。右：2次調整の縦ハケメは太くゆがみ、つくりは厚手である。在地の土器づくり工人の作か。

埴輪を科学する

言うまでもなく埴輪は〝土〟でできています。土といっても単純な土ではなく、素材である粘土に岩石や鉱物などの混和材を入れた特別な土で、胎土《たいど》とよびます。

埴輪や土器の小片を粉にして、それに蛍光X線をあて、各元素の含有率を測定し、その埴輪や土器の胎土の特徴を分析する方法を蛍光X線胎土分析といいます。これによって埴輪製作跡から出土した埴輪と消費地（供給先）の古墳から出土した埴輪の各元素の含有率を比較し、埴輪の需給関係をさぐる研究がおこなわれています。

この研究は、長年蛍光X線胎土分析を追究してきた三辻利一氏によって、おもに須恵器《すえき》と埴輪に関して試みられてきました。三辻氏は、ストロンチウム（Sr）とルビジウム（Rb）という元素の含有率を直交座標で比較する方法で試料を分析してきました。

わたしは、三辻氏の研究法を学び、ストロンチウム、ルビジウムの二元素以外にカリウム（K）やカルシウム（Ca）、マンガン（Mn）、鉄（Fe）の四元素の値も加えて六元素の含有率を一挙にくらべるレーダーチャートを考案し、研究をおこなってきました（図92）。

その結果、たとえば、栃木県佐野市の唐沢山《からさわやま》窯跡から出土した埴輪の胎土がⅠ～Ⅲ類の三種類からなることがわかりました。そのうちⅠ類の供給先古墳はおもに佐野地域内に分布すること、Ⅱ類は佐野地域の五箇《ごか》古墳群のほかに壬生町の安塚坂下《やすづかさかした》古墳群、小山市の飯塚《いいづか》古墳群にみられること、Ⅲ類は佐野地域の五箇古墳群のほかに壬生町の川入古墳、上原《かみはら》古墳群、亀の子塚古墳というように広域に認められること、いずれも六世紀代のものであることが明らかになりました。

このほかにもⅣ類が、鬼怒川以東の芳賀地域の後久保《うしろくぼ》古墳、藤山《ふじやま》古墳に確認され、さらにⅤ類は、

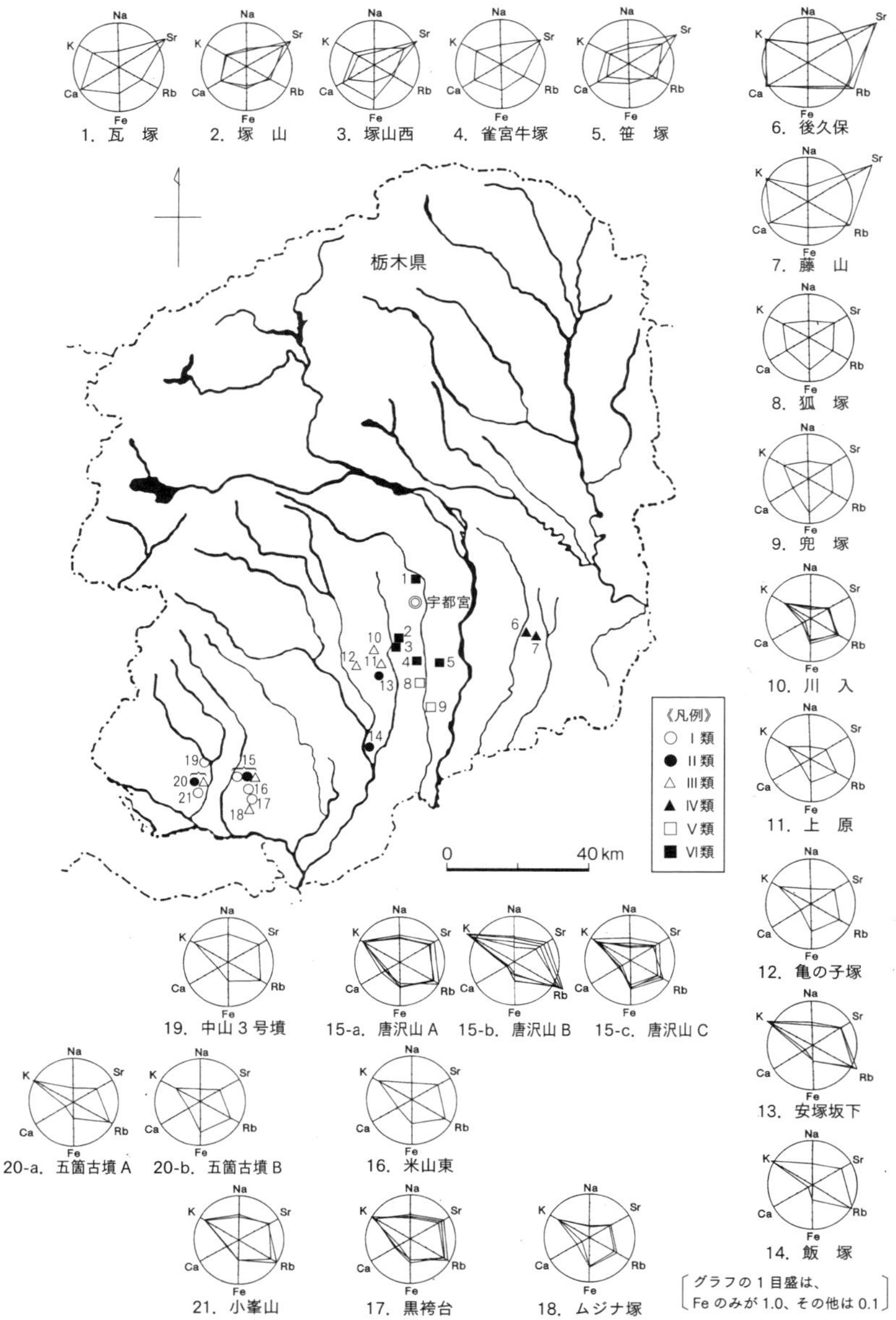

図92　栃木県内出土埴輪の蛍光Ｘ線胎土分析データのレーダーチャート分類
含有６元素の量を一度に比較したもので、チャートの形態から類型化した。

上三川《かみのかわ》地域の上神主狐塚《かみこうぬしきつねづか》古墳、兜塚《かぶとづか》古墳、Ⅵ類は五世紀代の宇都宮市域南部のものを中心に、一部六世紀代にくだる同市域北部のものを含むことが判明しました。それは古墳のかたちや出土遺物の異同といった考古学的知見とよく対応します。

その後、同様な方法でほかの研究者たちによって、東京や群馬の古墳などについても研究が試みられています。

中二子古墳の埴輪はどこから来たか

六世紀に群馬県の赤城山南麓に勢力を誇った豪族の奥津城《おくつき》、大室《おおむろ》古墳群中の最大の前方後円墳、中《なか》二子《ふたご》古墳の発掘調査を見学した際、出土埴輪の胎土に二種類のものがあることに気がつきました。一つはキラキラと輝く雲母片岩の岩片が含まれ、もう一つは長さ二ミリから一ミリに満たない毛髪よりも細い白い糸のようなものがみえました。これは海綿状骨針といわれるもので、海綿の仲間の骨組織が海底に堆積する泥のなかに残ったものです（図93）。

雲母片岩や海綿状骨針は、大室古墳群のある前橋市大室の地質には存在せず、群馬県域では県西部の藤岡地域に特徴的に認められるものでした。藤岡地域には著名な「本郷《ほんごう》埴輪製作址」（図94）があり、その近くには土師氏《はじし》・土師部《はじべ》の伝承の残る土師《どし》神社もみられます。

そのことから、中二子古墳の埴輪は、古墳から直線距離にして二〇キロ以上も離れた藤岡地域から供給されていることが想定されました。重く壊れやすい素焼きの焼き物である埴輪を、当時、どのようにして長距離運搬したのか興味深いものがあります。

陸上交通の発達していなかった当時、河川の水上交通を利用して運搬したものと考えられます。い

図93　中二子古墳（群馬県前橋市）の埴輪と胎土に含まれていた海綿状骨針（左写真）
中二子古墳の地元の地質には含まれない海綿状骨針と雲母片岩の岩片が胎土に含まれている。

図94　「本郷埴輪製作址」（群馬県藤岡市）の覆い屋と保存された窯跡
戦後間もない物資が欠乏していた時代に市民の寄付で建てられた保存施設。

ずれにせよ、中二子古墳の被葬者が古墳時代後期の六世紀代に広く群馬県西部地域にも勢力をおよぼし、当地の勢力とも緊密な関係にあったことをうかがわせます。

埴輪に残った製作者の指紋

埴輪をくわしく調べていると、ときおり内側に人の指痕が残っているのに遭遇することがあります。それは埴輪製作時の、いまだ粘土がやわらかいうちに指紋がプリントされたものです。

焼成することによって、その指痕は一割ほど縮小しますが、かたちに大きな変化はないと仮定すると、同一埴輪製作遺跡から出土した異個体の埴輪に、同一の指紋をさがすことができれば、同一工人の製品であると認定できます。同様に消費地である古墳と生産地である埴輪製作遺跡とのあいだで同一の指紋をみつけることができれば、需給関係が認定できます。

さらに、ハケメの特徴もあわせれば、ハケメの異同をもって同一製作者が同じ工具を使用したか、異なる工具を使用したかなどの情報も得られるでしょう。あるいは、異なる胎土の場合は、同一製作者が胎土を替えたか、異なる窯場に移って製作したかということも論じられるかもしれません。

こうした埴輪間での同一製作者の探究が、かつて国立歴史民俗博物館の杉山晋作氏によっておこなわれました。

杉山氏は、円筒埴輪製作時に指紋の残りやすい基部の内面、突帯貼り付け部の内面、また成形した個体を乾燥させるために移動した際に、透かし孔に指を入れて持ち上げたときに指紋の付きやすい透かし孔上部付近などの指紋を採取して比較しました。このうち、個体移動時に透かし孔付近に残された指紋は、必ずしも製作者本人のものとは特定できないという指摘も重要です。

具体的には、茨城県ひたちなか市の鉾《ほこ》ノ宮《みや》古墳群出土の埴輪と同市の馬渡《まわたり》埴輪製作遺跡出土の埴輪を調査、比較検討しました。その結果、作風が同じ人物埴輪でありながら、付いていた指紋はちがい、同一作業段階での別人の関与を想定しています。

杉山氏は、指紋は同一工人の作品を抽出するのには有効だが、それだけでは古墳出土の埴輪の生産地を確定できないとする慎重な態度をとっています。すなわち、考古学的分析と胎土分析と指紋分析の三者の協業があってこそ、需給関係が確定できるとしています。

それでも製作者個人の特定だけでなく、左右の利き手、製作手順・技法、埴輪製作集団の分業・編成などの多くの課題解決にも迫ることができる可能性のある研究手法です。警察の科学捜査・鑑定のように、発見した埴輪の指紋を、特殊・高精細の拓本フィルムに転写して、その情報を指紋データ・バンクに登録しておけば、それらの照合から同一製作者や同一工房、埴輪製作遺跡と古墳との需給関係の追究が期待されます。

ケンブリッジの女性埴輪

イギリスのケンブリッジ大学の博物館、フィッツウィリアム博物館を訪ねたときのことです。博物館の外柵に、収蔵・展示品を紹介するサインボードがかかっていたのですが、そこに見慣れた女性人物埴輪の顔がプリントされていました（図95）。

それは群馬県高崎市の綿貫観音山《わたぬきかんのんやま》古墳の有名な埴輪、一つの台の上に三人の女性がのる「三人童女」の姿に瓜二つなのです（図96）。分銅形の髷《まげ》を結い、細い杏仁形《きょうにんけい》の目で、三角錐のとがった鼻梁を有し、口は細く小さくヘラを入れて描いています。さらに二列の手玉で飾った両手の指先を胸の前

図95　ケンブリッジ大学フィッツウィリアム博物館のサインボードと女性人物埴輪
筆者が2005年にケンブリッジに2カ月間滞在・研究していたときに出くわした「童女埴輪」。

図96　綿貫観音山古墳（群馬県高崎市）の「三人童女」
一つの台の上に3人の「童女」がのる。両手を合わせて弦をつまびく儀礼をあらわしたものとする説がある。背中に鏡状の円盤を背負っている。

で合わせています。墓前の「泣き女」のような役割を果たしているかのようです。ただし、ケンブリッジ大学のものは単独の破片なので、元は複数だったのかはわかりません。

ところで、綿貫観音山古墳の「三人童女」は三体とも、背中に鏡とも目される円盤状の表現が認められます。これと同様な埴輪が、同じ北関東の栃木県足利市の葉鹿熊野《はじかくまの》古墳からも出土しています（図97）。

こちらは出土状況からみて「三人童女」で、数にちがいがありますが、腕飾りなどが酷似しています。おそらく同一工人集団の製作になるものと考えられます。綿貫観音山古墳とは直線距離にして約四〇キロ離れていますが、同一工房から供給されたか、製作者が移動して製作したかと考えられます。ちなみに、「葉鹿」の地名は「土師」伝承地を想起させます。正倉院文書の天平勝宝四年（七五二）の造寺司（造東大寺司）牒には、東大寺に施入された下野国《しもつけのくに》の封戸《ふこ》二五〇戸のなかに「足

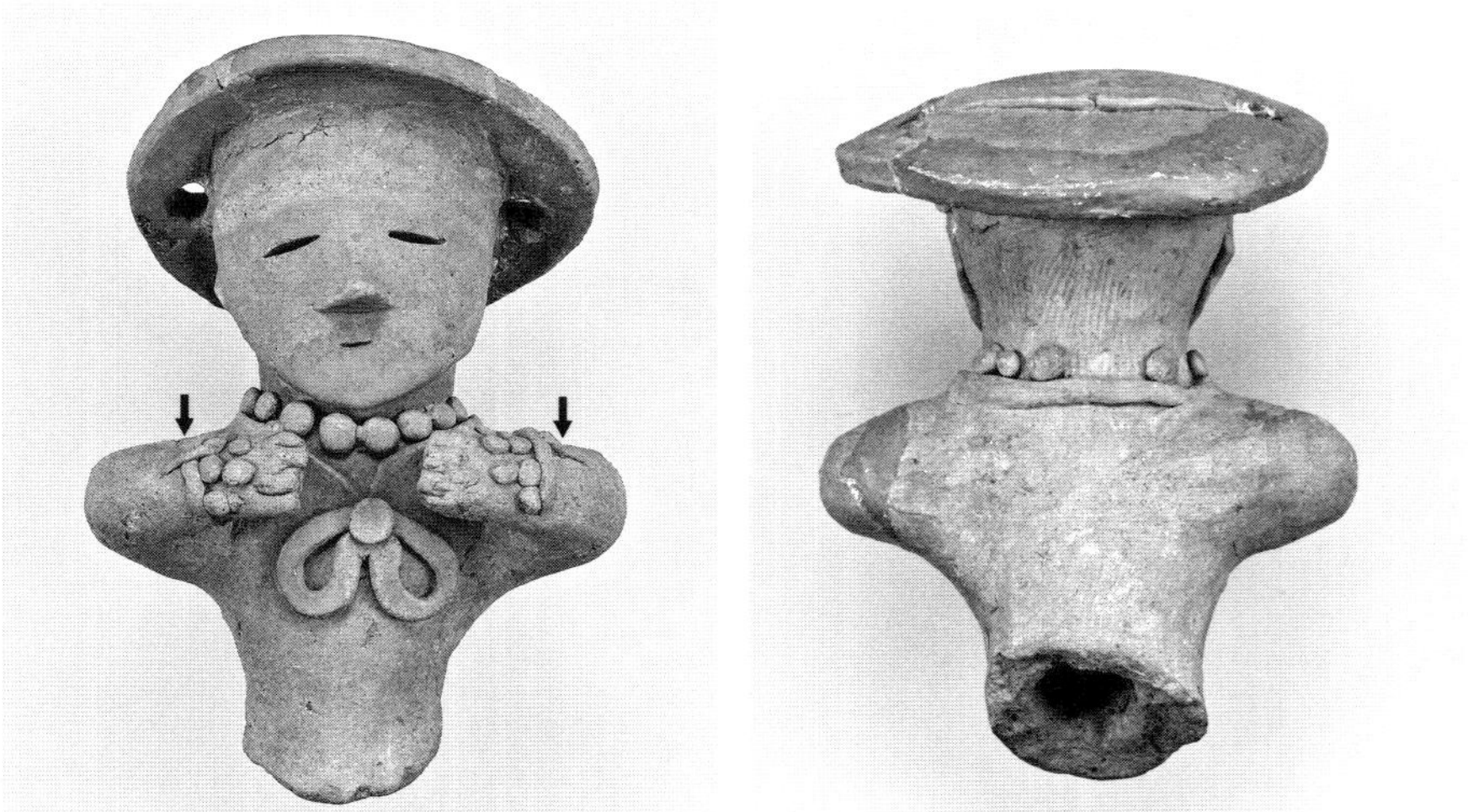

図97　葉鹿熊野古墳（栃木県足利市）の「童女」
首飾りの表現はケンブリッジ大学のものに近い。胸元の蝶結びは誇張され、腕部の「弦」（矢印）は短くなっている。背中には不明瞭ながら円盤の剝落痕がありそうだ。

利郡土師郷五十戸」とあり、関連が注目されます。

ケンブリッジ大学の埴輪もおそらく、北関東の有力古墳から出土したものとみられます。経緯をまだ調べていませんが、おそらく明治以降、なんらかの事情で、はるかイギリスまでもたらされたと考えられます。ちなみに製作された順番は、「弦」の有無や長短などから、綿貫観音山古墳のもの→葉鹿熊野古墳のもの→ケンブリッジ大学のものになると想定されます。

分離造形した埴輪

埴輪のなかには、一体でつくらず、二つのパーツを組み立てて完成する埴輪があります。それを「分離造形埴輪」とよんでいます。種類としては、人物埴輪、家形埴輪、盾持《たても》ち人埴輪、大刀《たち》形埴輪などにみられます。

そのうち人物埴輪は上半身と下半身、家形埴輪は屋根部と外壁部、盾持ち人埴輪は盾と人頭部、大刀形埴輪は柄《つか》・刀身部と鞘《さや》部がそれぞれ分離して造形され、個々に焼成されて、消費地の古墳に運ばれ、現地で組み立てられました。こうすることで、焼成時や運搬時の破損のリスクを軽減し、効率的に製品を供給していたとみることができます。家形埴輪のなかには、総重量一〇キロを超えるようなものもあり、壊れやすい素焼きの焼き物を、より安全に運ぶことができたのでしょう。

具体例としては、茨城県小美玉市の舟塚《ふなづか》古墳の人物埴輪（口絵20）、大阪府高槻市の今城塚《いましろづか》古墳の家形埴輪（図32参照）、群馬県太田市の塚廻《つかまわ》り1号墳の盾持ち人埴輪（図24参照）、塚廻り4号墳の大刀形埴輪（口絵23）などがあげられます。いままで、「煙突のある家」とされてきた家形埴輪の出土例である群馬県玉村町の小泉古墳群のものは分離造形家形埴輪の下部とみられます。

「木の埴輪」と「石の埴輪」

「埴輪」の「埴」は「埴土」、すなわち粘土のことをさします。「埴輪」全体では、粘土でつくられた輪状のもの、ないしは輪状に連なっておかれたものをよんだと考えられます。その土製、素焼きの遺物に対して、似たような木製の遺物が古墳から出土することがわかってきました。

応神天皇陵と伝えられる大阪府羽曳野《はびきの》市の誉田御廟山《こんだごびょうやま》古墳などの濠《ほり》のなかから出土した、貴人に差しかける蓋《きぬがさ》をかたどったものが古くから知られ、その後、奈良県三宅町の石見《いわみ》遺跡から出土した盾形製品のようなものが追加されていきました。その後、奈良県橿原市の四条《しじょう》1号墳のように団扇《うちわ》のような形をした翳《さしば》という、高松塚古墳の壁画中にも登場する貴人の顔を隠す威儀具をかたどった遺物も加わりました（口絵30）。

先の蓋形のものは裏面真ん中に四角い穴があいており、そこに軸棒を挿し込んで組み合わせ、古墳の上や古墳の縁に立てならべたものとみられます。ほかの盾形や翳形のものは基部に風化の痕があり、やはり古墳に立てならべたものと推定されます。

この種の木製の遺物は土製の埴輪と一緒に古墳から出土することから、「木の埴輪」などとも称されるようになりました。現在では「古墳出土木製樹物」とも表現されています。いまのところ近畿地方を中心に分布し、西は九州、朝鮮半島、東は滋賀・愛知・山梨などからも確認されています。木製品は有機質のため普通は土中では腐って残りません。しかし、水漬け状態となる濠のなかでは保存されます。

一方、やはり以前からその存在が認知されていた遺物に「石の埴輪」があります。土製の埴輪に代わって石でできたもので、人形《ひとがた》や馬形などがあり、「石人《せきじん》」「石馬《せきば》」などといわれています。

図98　石馬谷古墳（鳥取県米子市）の石馬
本州島内から出土した唯一の石馬。面繫〔おもがい〕や鞍が浮き彫りで表現されている。

その存在は古く、奈良時代の文献である『筑後国風土記』の逸文などに記されています。そこには現在の福岡県八女《やめ》市にある岩戸山《いわとやま》古墳に比定される古墳に立てならべられた石人（口絵29）、石馬の様子が書かれています。

この種の遺物は阿蘇溶結凝灰岩でつくられ、熊本から福岡にかけて分布しています。なかにはかなり離れて、鳥取県米子市の石馬谷《いしうまだに》古墳から出土したとされる石馬（図98）があり、九州—山陰間の交流がうかがえます。

この日本列島の石人・石馬に対して、中国大陸・朝鮮半島に「石人・石獣《せきじゅう》」とよばれる遺物があります（図9参照）。日本列島の石人・石馬はそれとの関係が指摘されてきました。中国では土製の俑《よう》とともに漢代からあり、日本列島に先行することから、日本列島の埴輪や石人・石馬のルーツが彼の地にあるともいわれています。

円筒棺と埴輪棺

古墳時代の棺《ひつぎ》に、埴輪を転用したものと、はじめから埴輪の製作技術でつくった埴輪に似たかたちの土製円筒形の棺がありま す。前者を埴輪棺《はにわかん》、後者を円筒棺《えんとうかん》とよびます。

このうち後者の円筒棺は、古墳の中心埋葬に使用されることがまれにあります。愛知県西尾市の岩場《いわば》古墳の円筒棺は全長一九三センチあり、本体部分に突帯が一一条もめぐる多条突帯の円筒です（図99）。一般的な円筒埴輪とくらべると透かし孔がありません。両端に朝顔形埴輪の上部をモデルにしてつくったような特製のキャップがついています。

円筒棺は埴輪づくりを担当した埴輪製作集団の長か、その集団を統率・掌握した人物の棺と考えられます。円筒棺出土地の近くには埴輪製作の伝承をもつ土師氏・土師部にちなむ地名のあるところが多く、円筒棺被葬者はとくに土師氏・土師部にかかわる者と想定されます。岩場古墳の棺内からは勾玉二個、管玉七個、直刀二口が、棺外からは鉄斧、鉄錐、短剣状小型鉄器、鉄鏃などが出土しました。この円筒棺を円丘部の中心埋葬にもつ岩場古墳は墳長三〇メートルの帆立貝式古墳で、埴輪製作者集団のトップの墓にふさわしいと考えられます。

図99　岩場古墳（愛知県西尾市）の円筒棺
カプセルのようなかたちをした特製の棺である。

一方、埴輪棺は、小さな円筒埴輪一本を使ったものや二本を合わせ口にしたものが多く、成人埋葬には不向きなものもあります。古墳の裾や濠の底、古墳の周囲からみつかり、副葬品はほぼみられないか、あってもごくわずかです。ちなみに、先の岩場古墳の造《つく》り出《だ》し部からは、朝顔形円筒埴輪を転用した長さ六六センチの埴輪棺が出土していますが、副葬品はありませんでした（図100）。

だからといって埴輪棺は、勝手に先人の古墳の埴輪を抜いて再利用したとは考えられません。埴輪づくりの関係者がみずからのアイデンティティを表明すべく、棺としての転用を自己決済できる立場から利用したと考えるほうが合理的でしょう。

図100　岩場古墳（愛知県西尾市）の埴輪棺
円筒埴輪の胴部を合わせ、朝顔形埴輪の「朝顔」の部分を打ち欠いて蓋にしている。

渡来人がつくった埴輪

日本列島から出土している埴輪のなかに、たまに異質な埴輪がみられます。とくに長野県、埼玉県、茨城県から出土したものには、外面調整が伝統的なハケメ調整ではなく、朝鮮半島系の韓式系土器にほどこされる格子叩き目が認められるものが存在します。

いちはやく茨城県東海村の権現山《ごんげんやま》古墳で確認され、その後埼玉県本庄市の金鑽神社《かなさなじんじゃ》古墳や長野市の土口将軍塚《どぐちしょうぐんづか》古墳など五世紀前半の古墳であいついで発見されました（図101）。これらには朝鮮半島から渡来した韓式系土器の製作者や初期須恵器の製作者がかかわっていたと考えられます。

朝鮮半島の埴輪は誰がつくったのか？

韓国の光州《クァンジュ》市にある明花洞《ミョンファドン》古墳は前方後円墳で、埴輪が確認されています。知られている種類は円筒埴輪で、底径よりも口径が大きく、突帯二条のあいだには円形の透かし孔が対向位置にうがたれています。日本列島の六世紀代の円筒埴輪とそっくりです。

ただし、つくり方には二種類あり、日本列島とは異なるところがあります。一つは外面調整にハケメという柾目《まさめ》板の筋が平行につく日本列島の埴輪と同様のもので、もう一つは外面調整に叩き目をほどこし、内面に当て具の痕がみられるものです。叩き目には鳥足文《ちょうそくもん》という特徴的な鳥の足型のようなパターンがつきます（図102）。これは朝鮮半島南部の栄山江《ヨンサンガン》流域に分布する同

図101　土口将軍塚古墳（千曲市・長野市）の円筒埴輪の格子叩き目
韓式系土器にほどこされる叩き目。その製作には渡来系の人びとがかかわっていたと考えられる。

時期の土器に認められる叩き目です。焼きは酸化焔焼成で、色は赤褐色をしています。

同古墳からは形象埴輪が確認されていません。二〇一四年に全羅南道咸平《ハムピョン》の方墳、金山《クムサン》里《リ》方台形古墳（五世紀後半〜六世紀前半）から馬形埴輪と鶏形埴輪がみつかりましたが、当初発見の報じられた「人物埴輪」は馬形埴輪の鞍部と変更されました。日本列島で盛行した人物埴輪や器財埴輪といった形象埴輪は現状ではみられず、日本列島の埴輪の受容は限定的だったようです。

これらのことから朝鮮半島の埴輪は、日本列島で埴輪をみたか、埴輪製作を経験した工人が朝鮮半島に渡り、在地の土器づくりの工人と共同して製作したと推定されます。これらの古墳の被葬者は、親倭的な馬韓の支配者層と考えられます。

保存・整備・活用への提言

埴輪窯の跡は、一九二八年（昭和三）に東京都大田区の下沼部《しもぬまべ》遺跡で確認されるなど、古くから知られていました。しかしその後あまり注目されず、窯跡については、陶磁器生産の中心となるようなものに目が注がれていきました。

そうしたなか、一九六五〜六八年に、茨城県ひたちなか市の馬渡《まわたり》埴輪製作遺跡の広域の発掘調査で画期的な発見がありました。それは、窯跡以外に工房跡や工人の住居跡、粘土採掘坑跡

図102　鳥足文叩き目
これは月桂洞１号墳出土の円筒埴輪片。口縁部の外面で、一見、ハケメにみえるが叩き目である。

など埴輪生産に関連する一連の遺構の存在が明らかになったのです。以来、「〇〇埴輪窯跡（群）」とよばれていた遺跡名は「〇〇埴輪製作遺跡」と称されるようになり、窯跡そのもの以外の施設・遺構にも目がむけられるようになりました。

その流れのなかで、一九八八年〜九〇年にかけて、西日本でも大阪府高槻市の新池《しんいけ》遺跡の広域な発掘調査により、窯跡群以外の工房跡や集落跡も発見・調査されることになりました（図103）。しかし、新池遺跡では工人の居住域である集落跡は保存されませんでした。

埴輪生産遺跡発見の最古例、群馬県藤岡市の本郷埴輪製作遺跡も、現状では埴輪窯跡が一基のみ覆い屋をかけて保存されているだけで（図94参照）、その後みつかった小型前方後円墳や埴輪棺などはのこされず、それによって生産域・居住域以外に墓域も関連づけて整備する機会を失いました。円筒棺も製作していた群馬県太田市の金井口埴輪製作遺跡の

図103　新池遺跡（大阪府高槻市）の復元整備
今城塚古墳に埴輪を供給した製作遺跡。窯と工房を保存・復元したが、工人の集落は保存されなかった。

周辺には、同時期の亀山須恵器製作遺跡やそれら窯業生産集団を管掌した首長の墓と推定される京塚《きょうづか》古墳が存在し、工人の墓と想定される円筒棺も発見されています。これらを関連づけて保存・整備することが望まれます。

新たに二〇二四年には、群馬県伊勢崎市の石山南《いしやまみなみ》遺跡で、古墳一基、埴輪窯跡一基、工房跡五基、粘土採掘坑跡二基と、埴輪生産の全体像がわかる発見がありました。これらは一括して現地に保存してほしいものです。

さらに今後、史跡整備に工夫が必要です。新池遺跡における実物大の発掘現場の再現や稼働時の遺構復元・整備のみせ方は範ともなるものでしょう。それでも窯跡や工房跡から当時の生産の様子を想像するのはむずかしいものです。そうしたなかで、ＣＧ（コンピューターグラフィック）やＶＲ（ヴァーチャルリアリティ）の手法などをとりいれることを提案します。

また、これは埴輪製作遺跡に限られたことではありませんが、いったん整備されてもメンテナンスがおこなわれず放置されているケースが多々あります。それに対して、たとえば陶芸家の指導で市民の力を借りて登り窯を築き、〝はにわ教室〟を開催して「埴輪」を造形し、焼成してはどうでしょうか。できあがった作品を、復元古墳におかれ破損したままになっている「埴輪」と差し替えていくとか。それを学校教育・生涯教育の一環としてとりくむこともお勧めです。さらに、そうした試みを地域の行事として、〝はにわ祭り〟、〝古墳祭り〟のようなものに発展させていけたら、地域づくり・まちおこしになると夢想しています。

あとがき

小学校三年生の時、担任で郷土クラブの顧問でもあった佐藤救衛先生が、放課後、自転車で東日本最大の前方後円墳、群馬県太田市の太田天神山古墳に連れて行ってくれた。その時は、拾った円筒埴輪の破片がその後のわたしの人生を決定づけるとは思ってもみなかったが、しだいに考古学の世界にのめり込んでいった。

小学校六年生の時、同市の女体山古墳の近くの畑で鏃《やじり》拾いをしていたら、中学生の山口勇さん（後に埼玉県小学校教員）に声をかけられた。夏休みに亀山須恵器窯跡の発掘調査に参加しないかと誘われた。それで群馬県立博物館（現・群馬県立歴史博物館）の学芸員をしていた梅澤重昭先生（後に群馬大学教授）の調査に参加した。その頃、太田市立金山図書館で開催された梅澤先生の三角縁神獣鏡についての講演会で、当時、太田工業高校の生徒で、後に群馬県教育委員会文化財保護課の技師となる石塚久則さんに初めてお会いした。

中学二年生になって郷土研究部に所属していた時、生品《いくしな》中学校教頭の木暮仁一先生から依頼されて、鷹匠埴輪の出土で著名なオクマン山古墳の石室調査の実測を手伝った。

高校でも郷土研究部に入部した。そこで二年上の先輩にあたる伊勢崎の相川考古館の相川之英さんとの知遇を得、以来、芝根7号墳の調査などに協力していただいてきた。また、太田市域で先輩方を中心に「はにわの会」が組織され、最年少の会員として学習会に参加した。

こうして多くの人びとおよび古墳・埴輪との出会いがあって、太田市史編纂時に採集した朝子塚古墳の埴輪がわたしの処女論文になり、その後、わたしの母方の祖父、小川島太から引き継いだコレクションのなかに円筒棺の破片が含まれていることを知り、「円筒棺と埴輪棺」の論文作成につながった。また、塚廻り古墳群の調査に加わったことは本文に書いたとおりである。

一時は埴輪の勉強に集中していた時期もあったが、当時、埴輪未発見だった新潟県の大学に赴任することになった。それでも福島県会津若松市の堂ヶ作山古墳の鶏形土製品や新潟県南魚沼市の飯綱山10号墳の壺形埴輪、同新潟市の牡丹山諏訪神社古墳の円筒埴輪との出会いなど、埴輪との縁もかろうじて続いた。

その後、研究テーマが「豪族居館」に移ったこともあり、埴輪に関する自説は今浦島のものかもしれないが、埴輪の話題が盛んな今日、埴輪についてどのような関心・テーマがあり、どのようなことがわかってきたのかを記しておこうと思い筆を執ったしだいである。埴輪のガイドとして、埴輪を観る着眼点や気づき・発見の喜びなどが読者にわずかでも伝われば幸いである。

本書を草するにあたり出版社への仲介の労をとっていただいた勅使河原彰氏、編集でお世話になった竹内将彦氏に心より御礼申し上げたい。また、資料の提供などでご協力いただいた関係各位・諸機関に謝意を表する。

末筆ながら、学生時代にご指導いただいた滝口宏先生、久保哲三先生、菊池徹夫先生、岡内三眞先生、木暮仁一先生、そして月桂洞1号墳の資料についてご教示くださった林永珍《イムヨンヂン》先生にこの書を献呈したい。

二〇二四年一一月二〇日

橋本博文

参考文献

石塚久則ほか『塚廻り古墳群』群馬県教育委員会　一九八〇年

一瀬和夫・車崎正彦編『考古資料大観4　埴輪』小学館　二〇〇四年

稲村　繁・森　昭（写真）『ものの語る歴史六　人物はにわの世界』同成社　二〇〇二年

猪熊兼勝『日本の原始美術6　埴輪』講談社　一九七九年

犬木　努「下総型埴輪基礎考」『埴輪研究会誌』一　埴輪研究会　一九九五年

梅澤重昭『綿貫観音山古墳Ⅰ』群馬県教育委員会　一九九八年

岡内三眞編『韓国の前方後円形墳』雄山閣　一九九六年

大阪府立近つ飛鳥博物館編『埴輪群像の考古学』青木書店　二〇〇八年

加藤一郎「箸墓古墳出土品の再検討」『埴輪研究会誌』一八　埴輪研究会　二〇一四年

川西宏幸「円筒埴輪総論」『考古学雑誌』六四―二　日本考古学会　一九七八年

国立歴史民俗博物館編『はにわ人は語る』山川出版社　一九九九年

近藤義郎・春成秀爾「埴輪の起源」『考古学研究』一三―三　考古学研究会　一九六七年

塩谷　修『前方後円墳の築造と儀礼』同成社　二〇一四年

城倉正祥「埴輪」『考古調査ハンドブック10　古墳の見方』ニューサイエンス社　二〇一四年

杉山晋作『歴博ブックレット26　埴輪こぼれ話』歴史民俗博物館振興会　二〇〇三年

杉山晋作『東国の埴輪と古墳時代後期の社会』六一書房　二〇〇六年

鈴木裕明「埴輪樹立と木製樹物」『古墳時代の考古学3　墳墓構造と葬送祭祀』同成社　二〇一一年

高橋克壽『歴史発掘9　埴輪の世紀』講談社　一九九六年

辰巳和弘『黄泉の国の考古学』講談社　一九九六年

塚田良道『人物埴輪の文化史的研究』雄山閣　二〇〇七年

橋本博文「埴輪祭式論」『塚廻り古墳群』群馬県教育委員会　一九八〇年
橋本博文「円筒棺と埴輪棺」『古代探叢』早稲田大学出版部　一九八〇年
橋本博文「埴輪の性格と起源論」『論争学説・日本の考古学5　古墳時代』雄山閣　一九八八年
橋本博文「埴輪の配列」『古墳時代の研究　9』雄山閣出版　一九九二年
橋本博文「人物埴輪にみる装身具」『月刊考古学ジャーナル』三五七　ニューサイエンス社　一九九三年
橋本博文「いわゆる纒向型前方後円墳の再検討」『考古学と遺跡の保護　甘粕健先生退官記念論集』同刊行会　一九九六年
橋本博文「考古学と胎土分析」『大川清博士古稀記念論文集　王朝の考古学』雄山閣　一九九五年
橋本博文「埴輪の需給関係」『第二六回企画展　佐野の埴輪展』佐野市郷土博物館　一九九六年
橋本博文「飯綱山一〇号墳　一九九六年度の調査のまとめと今後の課題」『新潟大学考古学研究室調査研究報告』一　新潟大学人文学部　一九九八年
橋本博文「埴輪生産遺跡」『明日への文化財』九一　文化財保存全国協議会　二〇二四年
坂　靖『古墳時代の遺跡学』雄山閣　二〇〇八年
日高　慎『東国古墳時代埴輪生産組織の研究』雄山閣　二〇一三年
日高　慎『東国古墳時代の文化と交流』雄山閣　二〇一五年
水野正好「埴輪芸能論」『古代の日本2　風土と生活』角川書店　一九七一年
森田克行『シリーズ「遺跡を学ぶ」77　よみがえる大王墓　今城塚古墳』新泉社　二〇一一年
若狭　徹『もっと知りたい　はにわの世界』東京美術　二〇〇九年
若狭　徹『埴輪は語る』ちくま新書　二〇二一年
若松良一『考古調査ハンドブック22　埴輪』ニューサイエンス社　二〇二一年

写真提供（所蔵）

口絵1：岡山県立博物館／口絵2：島根県立古代出雲歴史博物館（〔右：文化庁所蔵、左：雲南市教育委員会所蔵）／口絵3：千曲市教育委員会／口絵4：奈良県立橿原考古学研究所附属博物館／口絵5：山梨県立考古博物館／口絵6：京丹後市教育委員会／口絵7：福島県立博物館／口絵8：かみつけの里博物館／口絵9：高槻市立今城塚古代歴史館／口絵10：群馬県立歴史博物館（文化庁所蔵）／口絵11：芝山町立芝山古墳・はにわ館（芝山仁王尊・観音教寺所蔵、撮影：奈良文化財研究所　中村一郎）／口絵12：市原市教育委員会（撮影：国立歴史民俗博物館）／口絵13：小松市埋蔵文化財センター／口絵14：ColBase（https://colbase.nich.go.jp/）／口絵15：相川考古館／口絵16：太田市立新田荘歴史資料館（太田市教育委員会・個人所蔵）／口絵17：群馬県立歴史博物館（文化庁所蔵）／口絵18：下野市教育委員会／口絵19：群馬県立歴史博物館（文化庁所蔵）／口絵20：茨城県立歴史館／口絵21：本庄市教育委員会／口絵22：高槻市立今城塚古代歴史館／口絵23：群馬県立歴史博物館（文化庁所蔵）／口絵24：奈良県立橿原考古学研究所附属博物館／口絵25：ColBase（https://colbase.nich.go.jp/）／口絵26：松阪市文化財センター（松阪市所蔵）／口絵27：ColBase（https://colbase.nich.go.jp/）／口絵28：加古川市教育委員会／口絵29：ColBase（https://colbase.nich.go.jp/）／口絵30：奈良県立橿原考古学研究所附属博物館／口絵31：著者撮影
図1：栃木県立文書館（大金重晴所蔵）／図2：大田原市／図3：相川考古館／図6：同志社大学／図8：壺形埴輪＝奈良県立橿原考古学研究所附属博物館、器台円筒＝天理市教育委員会、朝顔形埴輪＝ColBase（https://colbase.nich.go.jp/）／図9：著者／図10・11：宮内庁書陵部／図12：奈良県立橿原考古学研究所附属博物館／図13：群馬県／図14・15：著者／図17：大崎町教育委員会／図18：奥州市教育委員会／図19：新潟市歴史博物館／図20：堺市文化財課／図21：御所市教育委員会／図22：芝山町立芝山古墳・はにわ館（芝山仁王尊・観音教寺所蔵、撮影：奈良文化財研究所中村一郎）／図23：著者／図24・25・26・29：群馬県（文化庁所蔵）／図27：群馬県／図30：太田市教育委員会／図32・33：高槻市立今城塚古代歴史館／図35：奈良県立橿原考古学研究所附属博物館／図36：（公財）群馬県埋蔵文化財調査事業団／図37：著者・田辺修一郎／図38：天理大学附属天理参考館／図39：天理市教育委員会／図40・41：神戸市文化財課／図42：著者（新潟大学考古学研究室）／図43：ColBase（https://colbase.nich.go.jp/）／図44：松阪市文化財センター（松阪市所蔵）／図45：奈良県立橿原考古学研究所／図46：〔左〕かみつけの里博物館、〔右〕群馬県／図47：壬生町立歴史民俗資料館／図48：ColBase（https://colbase.nich.go.jp/）／図49・50：かみつけの里博物館／図51：ColBase（https://colbase.nich.go.jp/）／図52：北方文化博物館／図53：群馬県立歴史博物館（文化庁所蔵）／図54：高槻市立今城塚古代歴史館／図55：加賀市教育委員会／図56：群馬県／図57：渋川市教育委員会／図58：芝山町立芝山古墳・はにわ館（芝山仁王尊・観音教寺所蔵、撮影：奈良文化財研究所中村一郎）／図59：かみつけの里博物館／／図60：〔立像〕ColBase（https://colbase.nich.go.jp/）、〔倚坐・胡坐・跪坐・半身像〕群馬県立歴史博物館（文化庁所蔵）、〔力士像〕行田市郷土博物館／図61・62・63：群馬県立歴史博物館（文化庁所蔵）／図64：田原本町教育委員会／図66：群馬県立歴史博物館（文化庁所蔵）／図67・68：ColBase（https://colbase.nich.go.jp/）／図69：〔左・右〕ColBase（https://colbase.nich.go.jp/）、〔中央〕群馬県立歴史博物館（文化庁所蔵）／図71：〔左〕群馬県立歴史博物館（文化庁所蔵）、〔右〕ColBase（https://colbase.nich.go.jp/）／図72・73：ColBase（https://colbase.nich.go.jp/）／図74：新潟市文化財センター／図75：新富町教育委員会／図76：米原市教育委員会／図78：いわき市教育委員会／図79：ColBase（https://colbase.nich.go.jp/）／図80：〔右から〕東京国立博物館（ColBase（https://colbase.nich.go.jp/）、相川考古館、国立歴史民俗博物館、天理大学附属天理参考館、シアトル美術館（Seattle Art Museum, Eugene Fuller Memorial Collection, Photographer: Scott Leen）／図81・82：群馬県立歴史博物館（文化庁所蔵）／図83：北方文化博物館／図84：かみつけの里博物館／図85：高崎市教育委員会／図86：東松山市教育委員会／図87：ColBase（https://colbase.nich.go.jp/）／図88：鴻巣市教育委員会／図89：熊谷市教育委員会／図90：立正大学（熊谷市教育委員会所蔵）／図91：著者／図93：前橋市教育委員会／図94：著者／図95：〔左〕著者、〔右〕ケンブリッジ大学フィッツウィリアム博物館（Fitzwilliam Museum）／図96：群馬県立歴史博物館（文化庁所蔵）／図97：ColBase（https://colbase.nich.go.jp/）／図98：米子市教育委員会（天神垣神社所蔵）／図99・100：西尾市教育委員会／図101：千曲市教育委員会／図102・103：著者

図版出典（一部改変・加筆）

図4：森島（桂林）中良『桂林漫録』（1800年〔寛政12〕）／図5：坪井正五郎『はにわ考』（東洋社、1901年〔明治34〕）／図7：柴田常恵「上野国箕輪町上芝古墳」『人類学雑誌』44-6、1929年（昭和4）／図16：著者／図28：群馬県教育委員会1980『塚廻り古墳群』／図31：森田克行（一部修正）／図34：群馬町教育委員会2000『群馬町埋蔵文化財調査報告57　保渡田八幡塚古墳』／図65：群馬県教育委員会1980『塚廻り古墳群』／図70：〔右〕『歴史教科書　甲種巻一』（帝国書籍株式会社、1902年〔明治35〕）、〔左〕国定教科書『尋常小学日本歴史　巻一』文部省（1909年〔明治42〕）／図77・92：著者

著者紹介

橋本博文（はしもと・ひろふみ）

1953年、群馬県生まれ
早稲田大学大学院文学研究科博士課程後期単位取得満期退学、博士（文学）
新潟大学名誉教授、文化財保存全国協議会代表委員
主な著作　「埴輪の性格と起源論」『論争・学説日本の考古学５　古墳時代』（雄山閣、1988年）、『アートになった考古遺物たち』（相川考古館、2020年）、『実物とアートで楽しむはにわ展』（新潟市潟東樋口記念美術館ほか、2022年）、『東国と大和王権』（共著、吉川弘文館、1994年）ほか

◎装幀　コバヤシタケシ
◎図版　あおく企画

埴輪《はにわ》ガイドブック――埴輪の世界

2025年 1月 10日　第1版第1刷発行

著　者＝橋本博文
発　行＝新 泉 社
東京都文京区湯島１－２－５　聖堂前ビル
TEL 03 (5296) 9620 ／ FAX 03 (5296) 9621
印刷・製本／萩原印刷

ISBN978－4－7877－2414－4　C1021

新泉社の考古学図書

はにわのヒミツ

河野正訓・山本　亮　２０００円＋税

東京国立博物館の研究員が、埴輪の種類や役割、歴史、つくり方など、専門的かつわかりやすく解説する。同館の埴輪コレクションを代表する国宝「挂甲の武人」や「踊る埴輪」などの超有名埴輪のほか、東北・宮城県から九州・宮崎県まで広い地域のさまざまな埴輪が登場する。

◆シリーズ「遺跡を学ぶ」